図説

騎士の世界

池上俊一

河出書房新社

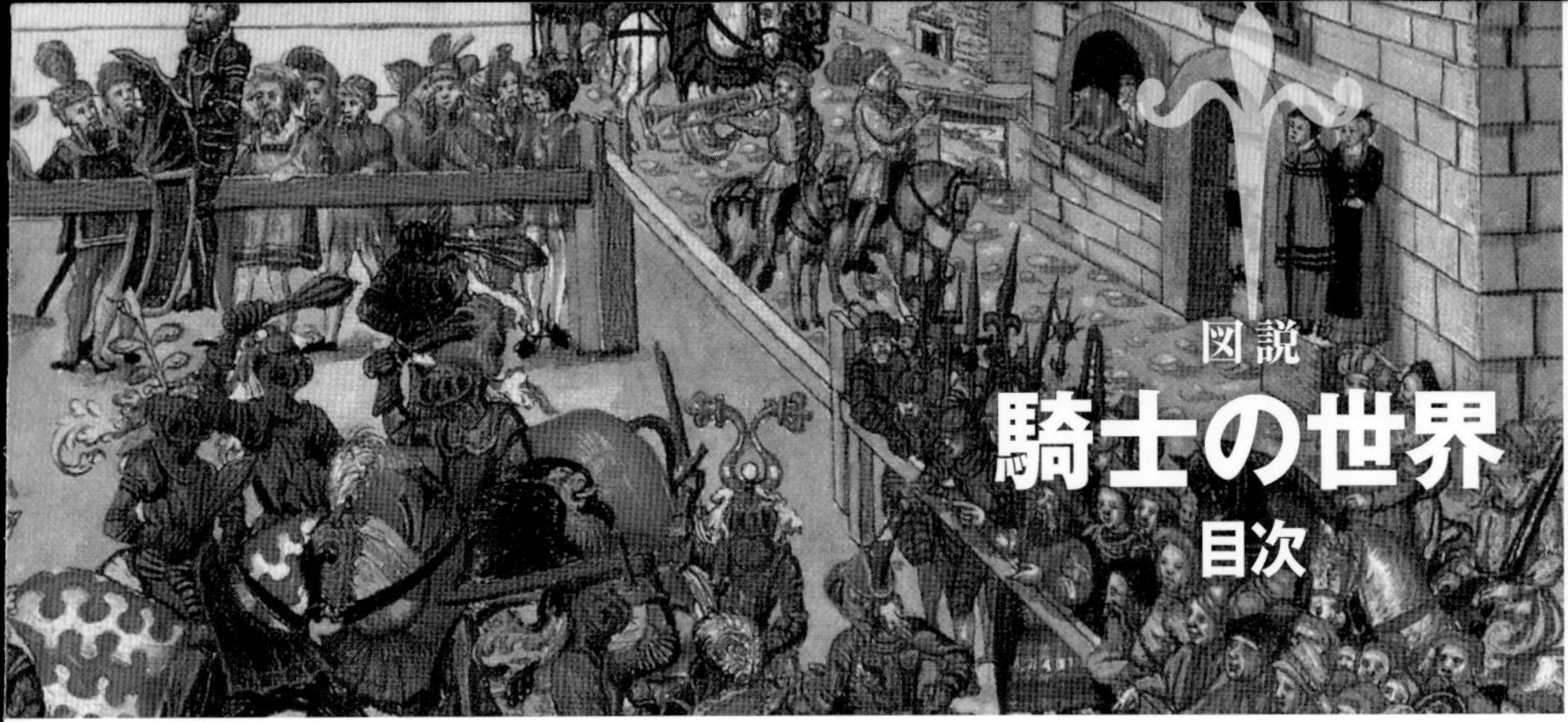

図説
騎士の世界
目次

はじめに

「騎士」は、西洋中世社会の花形である。騎士というのは、もちろん馬に乗って戦う戦士のことだが、たんにそうした馬上の戦士であるだけでは、騎士の名に値しない。彼ら西洋の騎士は、独特のエートス（習俗）と資質を備えた人間類型だったのである。彼らは、戦場においては人馬一体となって主君と祖国のために勇猛果敢に戦い、宮廷では風雅を心得た趣味人として、貴婦人に心を込めて尽くした。しかも「キリストの戦士」でもある彼らは、教会とキリスト教の防護にも励んだのである。まさに、憧憬すべき、理想の男子像であろう。

だが、騎士について少し詳細に知ろうと思うと、その実像はなかなか捉えがたい。騎士はいついかにして生まれたのだろうか、騎士と貴族とは同じ身分の者を指すのだろうか、実戦に参加する修道士身分の者たちが集まった騎士団とはなんだろうか、騎士はいつまで戦争の立て役者であったのだろうか、文学に描かれたような優雅で勇敢な、諸種の美徳を兼ね備えた騎士など、本当にいたのだろうか……疑問は尽きない。

騎士たちの生活・行動規範となった「騎士道」についても、誰もが聞いたことがありながら、私たち現代日本人には、はっきりとわからない点が多いのではないだろうか。騎士道というのは、文学世界以外では、ただうわべの飾り・化粧板にすぎず、実は粗暴な日常を送る貴族たちが、恰好よい見かけ倒しの光沢をまぶして自らの活動を正当化するイメージにすぎないと主張する研究者までいる。だが、もしそうだとしても、その「イメージ」の影響はずっと長く生き延びて独自に進化し、西洋文明と一体となって、今日まで命脈を保っているのだから、けっして無視できない力を持ってきた、と考えねばなるまい。

本書では、西洋中世世界の立て役者である「騎士」の歴史的役割について、一般読者に広く知ってもらうため、八つの章に分けて解説していく。扱う時代は、中世（５～15世紀）を中心としつつも、一部はローマ時代に遡り、また下っては近代の事情にも触れる。騎士の起源から消滅まで、政治・社会・宗教の動向との関連のもとに展開した多面的な活動を概観していくが、とりわけ、騎士たちが西洋の想像界に浸って生きていた事実が、その偉大な活力になるとともに、また限界を定めたことを、明らかにしていきたいと考えている。

本論に入る前に時代区分について一言。約1000年にわたる中世を三つに分けて、ほぼ５～10世紀を「初期中世」、11～13世紀を「盛期中世」、14～15世紀を「後期中世」と呼ぶ。中世末期というのは、14世紀後半以降のことである。この区分は、政治・社会体制、経済状況、文化や宗教の特質に着目してのものだ。当然、ヨーロッパ内部でも国や地域によって発展の差があるし、研究者によって多少のズレもあるが、本書では大要、上に述べたように捉えている。

第一章　騎士の誕生と活躍

世界の歴史を見渡せば、馬は農作業に、馬車の牽引に、さらにときには食用としても利用されてきた。そうした用途と並んで、馬に乗って戦う兵士の姿も、相当早くから見られた。西洋世界では、

考古学的研究にもとづいた古ゲルマン人の村の再構成。牛に引かせた犁で畑を耕したが、表層しか耕せず、悪天候などですぐ凶作になった。

たとえばカルタゴの将軍ハンニバル（前二四七〜前一八三／一八二年）やマケドニア王アレクサンドロス大王（在位前三三六〜前三二三年）などが、軽快に動く騎兵を重視したし、アジアでは、中央アジアの遊牧民族はもちろんのこと、中国でも戦国時代の趙や秦で騎兵隊が設けられた。だが、こうした馬上の戦士を、ひとしなみに西洋の「騎士」と同一視することはできまい。西洋の騎士は、たんに馬に跨《またが》った戦士であるのではなく、独自の身分、主従関係、習俗を兼ね備えた集団的存在であったからである。それでは、そうした西洋の騎士の起源はどこにあるのだろうか。

ゲルマンの戦士たち

本格的な「騎士」は、西洋では、一一〜一二世紀に誕生したが、先立つモデルを持たないわけではなかった。それはローマの、いやそれにも増してゲルマンの兵士らであった。

ローマにも「騎士（騎兵）」身分がいた。共和政期のローマの軍団は、騎兵と歩兵に分かれていて、一定額以上の財産を持つ市民、とくに貴族たちが騎兵として、その他の市民が歩兵として登録されていた。もちろん騎兵は歩兵よりも身分が上で、政治的権利も大きかったが、当時の戦争における主兵はあくまで歩兵であり、騎兵の役目は歩兵による決戦のための警戒や、地勢や敵方の様子の探索であった。そしてまもなく騎兵の戦力は減退し、実戦では、ゲルマン人の同盟部族の騎兵が充当され、ローマの騎兵は名目的な存在となっていった。

一方、ゲルマン民族のあいだでは、当初歩兵が中心で、騎士は二次的だったが、時とともにゴート人、アラマン人、ランゴバルド人、アヴァール人などのあいだで、騎兵は——スキタイ人、

ローマ人がつくったゲルマン人像。ズボン、ベルト、ケープ（肩掛け）が特徴的。

6世紀の武装したフランク人貴族の想像図

サルマタイ人、フン族などの影響で——その数を増やしていった。そして騎兵軍があらゆる戦いで顕著で重要な働きをするようになった。しかしゲルマン人らのもとではローマとは異なって、騎兵が一般の歩兵戦士に比べて卓越した身分ということはなかったようだ。

もうひとつ西洋中世の騎士へのゲルマンの兵士らの影響として重要なのは、彼らが従士として首長に托身し仕えたことである。従士の多くは戦争を愛好し、名誉を重視する貴族または自由民で、首長はこうした部下の大群に取り囲まれて、自らの威厳と権力を誇示することができたのである。首長は従士らを養うために、広大な土地を所有していた。また主従は、相互に忠誠を誓い合っていたのであり、こうした関係はのちの封建的主従関係へとつながっていった。

こう見てくると、ローマの騎士よりもむしろゲルマンの戦士のほうが、習俗の面でも、主従関係の点でも、また実戦形態でも、中世の騎士の祖となっていることがわかる。彼らは馬を崇拝して、ときに王族の墓に埋めたり、武器とくに剣に神聖性を見出したが、こうした馬と剣への崇敬も、中世の騎士と通じるものがある。

初期中世の覇者となるフランク族は、

カール大帝のブロンズ像。左手には帝球を持っている。

アントニヌス・ピウス帝（在位138〜161年）の記念柱に彫られたローマの補助騎兵たち。拍車のない馬の鞍の下敷きに乗っている。

槌を持つトール神の像。この神はとくにゲルマンの農民たちに愛された。

１世紀ケルン出土の、ローマの騎士（騎兵）フラウィウス・バッススの墓石

ゲルマン人のなかでも騎兵採用は一番遅れていた。たしかにメロヴィング期より騎士はいたが、まだ歩兵が軍の主体だった。それが、カロリング期にカール大帝（在位七六八〜八一四年）が騎馬隊にきわめて大きな重要性を与えたことが契機となって、それまで主体だった歩兵軍に代わって、初めて重装備の騎士が主役となったのである。それは、カールが防衛するべきキリスト教世界が、馬を活用していたサラセン人、ノルマン人、アヴァール人に繰り返し脅かされたことと関係している。在位期間中たえまなく戦争をしていたカールは、高度に訓練された軍隊が必要なことを痛感し、騎兵を中心とする軍隊とその厳格な組織化を遂行したのである。そして勅令で、貴族あるいは一二マンス（マンスは農民の一家族の維持に必要な標準的な土地保有単位）以上の土地所有者は、すべて鎧兜と楯、馬および攻撃兵器を自ら備えて軍隊で騎兵として仕えるべきことを定めた。

　少数精鋭の重装備騎兵が活躍したカールの軍のように、カロリング期の騎士は歩兵よりも強力で敵を脅かしたが、まだその数は少なかった。しかも乗馬技術や装備・武器の面でも、開発はいまださほど進んでおらず、そのため彼らはしばしば馬から下りて戦っていたのである。騎士が戦争の主役になるには、一一世紀後半を待たねばならなかった。

　そもそも第一に、馬に付けるさまざまな馬具の誕生・改良が、騎士の活躍には不可欠であった。初期中世に広まりだしたのはまず「鐙」である。こうした馬具の改良については、第六章で述べよう。

フェーデ・十字軍・ブーヴィーヌの戦い

封建貴族たちは、領地を所有してその所領経営を通じて利益を得るとともに、戦争によっても収入を得ていた。いや、領地を相続できない次男・三男らにとっては、戦争のみが「仕事」と言っても過言ではなかった。それは一種の裏経済を構成しており、貴族らの生活を実質的に支えていた。

　こうした状況でカロリング朝崩壊後に荒れ狂ったのが、いわゆるフェーデであった。フェーデというのは「私闘」なのだが、それぞれの家系にとっては、一族の血が流されたら、それに対して復讐＝血讐をするのが一族の者の義務とされ、復讐劇は連鎖に連鎖を連ね、いつまでも終結しないことがしばしばであった。公権力が存在しないか弱体のときには、私人による制裁＝復讐が適法だと考えられたからである。だから、カロリング朝崩壊後における公権力の空白期間、封建制の絆や調整装置が未発達なその時期には、所有権をめぐる争いがたえずフェーデを引き起こしたのである。

　フェーデでは貴族＝騎士たちが、家系の名誉にかけて互いに争い合うばかりか、教会・修道院の土地財産をも簒奪した。また土地を荒らされる農民、そして混乱のとばっちりを受ける貧者・女性の被害が、きわめて大きかった。混乱と無秩序がとくに著しかった南フランスでは、一〇世紀末から一一世紀初頭に、教会主導の「神の平和」「神の休戦」の運動が沸き起こり、民衆は貴族たちに贖罪を迫り、ある程度彼らの暴力行使を抑えることに成功した。ほかにも、貴族同士、あるいは貴

ダキア戦争の最中、逃走する甲冑に身を固めたサルマティアの騎兵を追う、ローマの騎兵隊。２世紀初頭、ローマのトラヤヌス帝記念柱の彫刻。

馬車競走を描いたローマ時代の大理石浮き彫り。紀元300年頃。

左・西ゴートの戦士。イベリア槍とゲルマン剣を持ち、トゥニカはローマの軍団（レギオン）のユニフォーム。12世紀初頭。（大英図書館所蔵）
上・自分のヴィラを去るヴァンダル人。５世紀。（大英図書館所蔵）

族と修道院などとのあいだで、非制度的ながら紛争解決・合意形成を目指す仲裁や儀礼が、あちこちで行われたことも覚えておこう。

　中世の戦争は、かならずしも常に死者が多かったとはいえない。いや、騎士たちが戦いの中心であった初期から盛期中世にかけては、身代金を得るために捕虜を取ることが戦争の最大の目的であったので、むしろ死者は少なかった。もちろん、あくまで反抗的な相手には、懲らしめのために殺したり手足切断などの残忍な刑罰を課すことがあったし、解放したら復讐されないかと恐れて殺してしまったり、征服した土地の女性を凌辱することもないわけではなかった。だが大半のケースでは、戦争で捕らえられた敵の命は助けて、身代金支払いまで投獄しておいた。むしろ捕虜の虐待はあるまじき行為とされた。一二世紀ノルマンディーの年代記作者オルデリクス・ウィターリスは、あらゆる身代金支払いの申し出を拒否して、牢獄のなかの三〇〇人以上の捕虜を飢えと寒さで死亡させたロベール・ド・ベレームの振る舞いを、強く非難している。

　ところで有名なバイユー・タペストリー（コラム1参照）には、ノルマン人によるイングランド征服の様子が描かれている。ヘイスティングズの戦い（一〇六六年）である。この戦争での騎士の働きはいかなるものだったのだろうか。実はこの戦いこそ、西洋の王侯貴族らに騎士の威力・優位を立証し、知らしめた重要な戦争なのであり、実際、一四世紀初頭のクールトレーの戦い（フランス騎士軍が都市の歩兵に敗れる）まで、その優位が揺るぐことはほとんどなかったのである。とはいえ、イングランド南岸のヘイスティングズの戦いは、ノルマンディー公ウィリアム軍（＝主に騎士軍）のイングランド王ハロルド軍（＝歩兵）への楽勝であったわけではない。

　ハロルド軍は最初、ひじょうに効果的な密集隊列を組んでいた。ノルマン軍が弓兵・重騎兵・軽騎兵三種の兵士からなる縦隊を三つ組んでそこに襲いかかったが、突破できなかった。ところが、何度か攻撃を繰り返すうちにウィリアム（のちのウィリアム征服王、在位一〇六六〜一〇八七年）軍の左翼の兵士らが勢いに負けて切り崩されて、ハロルド軍の右翼が前方に進出してきた。そのときウィリアムは意図的に全軍を退却させたのであった。それをハロルド軍が追いかけ、密集隊列が崩れたところを、ウィリアム軍の騎兵が突撃し踏みにじることになったのだ。その後もハロルド軍は簡単には崩れずに数度の騎兵の攻撃に耐えたが、ノルマン軍の弓兵が放った矢がハロルド王の眼を貫いて、恐慌状態に陥って総崩れになった。いずれにせよこの戦い以後、戦士たちのあいだでは、騎兵・騎士の力への信頼が一気に高まったのである。ウィリアム軍以外でも、ノルマン人は騎兵攻撃に優れ、たとえばロベール・ギスカール（一〇一五〜一〇八五年）が率いた軍は、シチリア・南イタリア征服を、効果的に騎兵を用いることによって実現したのである。


　次に、十字軍について見てみよう。十字軍は、キリスト教世界あげての大規模な戦争であり、そこでは騎士たちが大活躍したと考えられている。実際はどうなのだろうか。

　異教徒に脅かされたエルサレムを救おうと、教皇ウルバヌス二世（在位一〇八八〜一〇九九年）が救援を騎士たちに呼び掛けたのは、一〇九五年、フランスのクレルモンにおいてのことだった。今は仲間同士で争ったり弱者を苛めている場合でなく、東方のキリスト教徒の救援に出かけ、天の栄光を勝ち得るべきだ。それは神のための戦いなのだ……。こうした教皇のメッセージは熱烈な反響を呼び起こし、騎士たちはわれ先に十字軍のバッジを肩に付けて参加を誓った。土地を持たない騎士は戦利品を期待できたので、参加はかならずしも宗教的動機からだけではなかったが。

　ウルバヌス二世の呼びかけは、貧しい民衆にも大いなるインパクトをもたらし、農民たちは騎士に先駆けて、一〇九六年八月半ばにはエルサレムに向けて出発した。もちろん宗教的熱誠はあっても、ほとんど徒手空拳の彼らは軍事的敗北を運命づけられていた。だがしばらくして、諸侯が率いる騎士軍がやってきた。現在の見積もりでは、第一回十字軍の兵力は三万五〇〇〇〜三万六〇〇〇人あまりと推定され、そのなかで騎士が一人に対して歩兵は七人という割合だったと考えられている。つまり主力をなす騎士軍は四三〇〇ないし四五〇〇人で、それが四個軍団に分かれていた。

　戦闘形態には野戦と攻城戦があるが、騎士が大活躍するのはもちろん野戦であり、武具に身を固めた馬上の騎士が、集団としての連携とスピードで敵陣を突破、包囲、攪乱などで相手を圧倒し、勝利を勝ち得ようとするのであった。十字軍でもそのとおりであった。騎士らはまず長槍を突き出して突破を試み、その後は長剣で白兵戦を繰り広げる。この騎士らの軍隊は、度重なる失敗や仲間争いを乗り越えて、一〇九九年七月、遂にエルサレムを占領した。そして二日間、イスラーム教徒の虐殺をつづけた。

戦いには騎兵と共に歩兵が参加し、彼らは騎兵の数倍いたようである。しかも騎兵はいつも活躍できたわけではなく、重要な包囲戦では重騎兵の装備は役に立たず、むしろ投石機や、城壁を崩す尖った鉄付きの巨大槌、また移動可能な櫓からの弓・弩《いしゆみ》を使う射手が重要だった。さらにトルコ騎兵は正面からぶつかって戦ってくれず、神出鬼没、フランク軍を取り囲み槍でこづいて堅固な隊列を崩し、バラバラにしたところを攻撃する手法で、大いに十字軍兵士を悩ませたのである。

騎士が戦争で有力になるのは一一世紀半ば以降、まさにこの十字軍の時代であり、とりわけ陣を構え合った組織的会戦では、騎馬隊がきわめて大切になった。だが歩兵や弓兵、攻城の専門家（技師、大工、工兵）なしには騎士はまったく活躍できないのだし、守りも攻めも、彼らがいてこそ安全な退却基地が形成され、騎士が勝利を確実にできたことを忘れてはなるまい。十字軍遠征の回数を重ねるごとに、馬の数、そして騎士軍の質も向上していったが、それが十字軍の成功につながったわけではなかった。第二回以降の十字軍はことごとく失敗だった、といってもよいのだから。

ところで、西洋の騎士というのは、キリスト教抜きには考えられない。彼らには、キリスト教の倫理・道徳が大きな影響を及ぼしているのである。教会は騎士たちに対し、教会とキリスト教のために尽くすべきことを訴え、そのために死ねば天国は約束されていると繰り返し説いた。騎士は聖職者や女性・弱者を守るべきなのは当然だが、それに加えて、教会の敵、とくに教皇庁の敵をやっつける任務を課されたのである。たとえば一一世紀後半に南イタリアに勢力を伸ばし教皇と対立したノルマン人などが、初期の代表的な

十字軍における十字軍兵士とサラセン人の戦い。クレルモン＝フェラン大聖堂、サン・ジョルジュ礼拝堂のフレスコ画。13世紀末。

フランスの十字軍兵士。クレッサックのテンプル騎士団礼拝堂の12世紀の壁画。

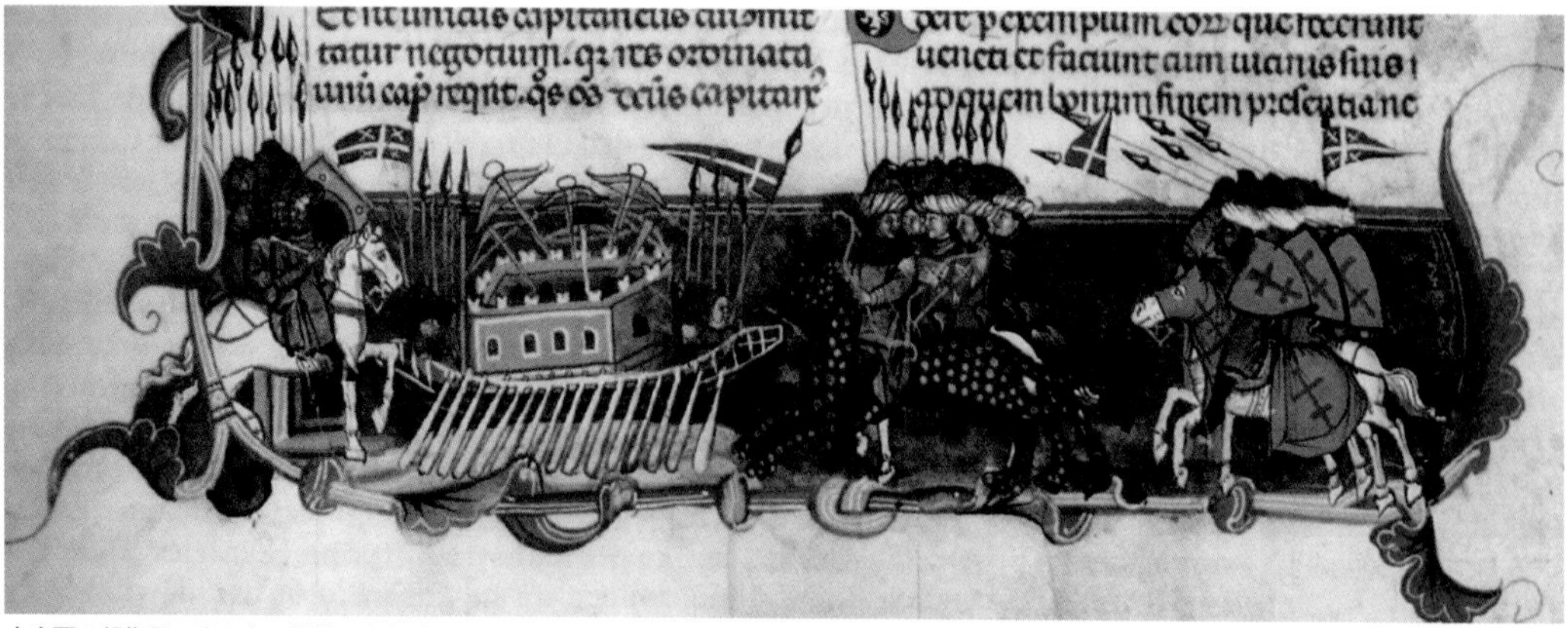

十字軍の想像図。真ん中の黒馬にまたがったイスラーム教徒が、左手の西方キリスト教徒軍と、右手の、おそらく東方キリスト教会に属する（あるいは司祭ヨハネの）軍に挟みうちにされている。（ヴァチカン図書館所蔵の14世紀の写本より）

1187年７月４日のハッティンの戦い。サラディンが「聖十字架」を摑んでいる。セント・オールバンズ修道士のマシュー・パリスが想像したフィクションのシーン。（ケンブリッジ大学、コーパス・クリスティ・カレッジ、パーカー図書館所蔵写本より）

「敵」であった。こうした考え方は、教皇による教会改革運動、世俗からの独立の野望とからみ、スペインでの「聖戦」、ついには東方の「十字軍」へと発展していく。教皇たちは聖戦への参加者、とくに教皇のためにその旗印のもとで戦う者たちに、霊的な約束を与えていた。

　教会は最初、騎士をまったく評価せず、彼らを暴力的で、平和を乱し、略奪を働き、秩序を乱し、弱者を苛む不

十字軍兵士の姿をしたドイツ皇帝フリードリヒ１世が、第１回十字軍についての、ランスのロベールの歴史叙述の写本を受け取っている。1188年頃のシーン。

埒な者たちだとしたが、騎士たちの社会的影響力が無視できなくなったとき、彼らを感化・コントロールして、教会の利害に適うようにうまく使おうとした。世俗の騎士を教会の守り手＝「キリストの戦士」、教皇の右手となる「聖ペテロの戦士」へと変身させようとしたのである。そのため十字軍が始まるや、教皇は参加者に贖宥を与え、また古い騎士と新たな騎士を理念的に分ける戦略を採用した。互いに殺し合い異教の風習に染まっていた者たちが、かくて戦いで神の恩寵を得、そして救われる道ができたのである。救霊のために世を捨て修道士にならなくても、もとのままの戦闘の仕事に励めばよいのだから、それはさほど難しいことではなかった。

アッコンの1190年の攻城のように、都市攻略を手伝う女性たち。
（大英図書館所蔵写本より）

　すでに八五三年、サラセン人がローマを脅かしたときに、教皇レオ四世（在位八四七～八五五年）が「祖国」と「キリスト教世界」のために戦い死んだ者は、神が正しく天に迎えてくれるだろうとアピールしたが、そこにはすでに十字軍の贖宥の考えが兆している。一〇世紀の教皇・司教用典礼定式書には、異教徒討伐のために護持されるべき旗の祝福用の特別の祈りが載っており、また同じ頃、戦士の剣を祝福する典礼も生まれた。この異教徒侵入の時期には、戦士聖人、とくに聖ミカエルの崇敬も広まった。

　貴族は、キリスト教的な騎士叙任の儀礼で騎士＝「キリストの戦士」になり、以後、教会のために尽くすことがその義務になる。だから騎士叙任儀礼こそが、十字軍を準備したのだと唱える研究者もいた。しかし実は、騎士道イデオロギーは一一世紀末にはまだ形成されておらず、剣や旗の祝別の典礼的定式も、騎士全体を対象にするのではなくて、当面ごく一部の特別な教会守護者を相手にしていた。だから騎士道の延長としての十字軍という捉え方はおかしい。騎士道イデオロギーができて、その結果十字軍が行われたのではない。

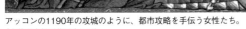

　むしろ反対に、神に守られ導かれた「キリストの戦士」との観念は、地上のエルサレムと写し絵になった天のエルサレムのイメージとともに、十字軍の後、最初の曖昧性を脱して、明確なヴィジョンと目的をいっそう備えるにいたったのだとすべきだろう。

　この「キリストの戦士」を正当化し、いとも高く称えたことで有名なのが、シトー会の修道士で一二世紀の大立者聖ベルナール（一〇九〇～一一五三年）の「新しい騎士を称えて」（一一二九～一一三六年）である。聖ベルナールはここでテンプル騎士団について語ってはいるが、彼自身が貴族の出であったためもあり、騎士と修道士という二大

第5回十字軍。１２１８年6月、ダミエッタの外でフランク軍とエジプト軍が激突した。マシュー・パリス『大年代記』（１２５５年頃）の写本より。

身分の召命を結合しようと目論んだのだ。

聖ベルナールは、この論考のなかでテンプル騎士団と退廃的で贅沢な騎士たちを区別した。そして、テンプル騎士団は自分たちを金銀で飾ることはなく、内部の信仰と外部の鎧兜で覆うのであり、それは敵たちの心に、貪欲ではなく恐怖心を与えるためである、という。さらに十字軍兵士こそが、騎士道の唯一正しいタイプだとし、彼らはひたむきに宗教的熱誠に燃えている、と説いている。

ベルナールにとっては、聖地はキリスト教徒のものであり、是が非でも取り戻さねばならないと思われた。神に反抗して聖地を略奪し汚した異教徒をやっつけるのは、キリストの霊的戦いに加わることと同義であり、まさに新たなキリスト教徒の使命でもある。彼らはいわば、旧約聖書の預言者によるエルサレム回復についての預言を実現する選民なのだ。かつての偉大さ・威厳を失った神殿だが、修道士＝兵士は、近年新たに現れたその霊的なる美・装飾であり、それは彼らの典礼、友愛生活、戦闘への熱意においてもそうなのである。

聖ベルナールの論考の一節を引いてみよう――

> ゆえに、騎士たちよ躊躇うことなく前進せよ、そして大胆不敵な気持ちで「キリストの十字架の敵」を撃退せよ。君たちはよく知っていよう、「死も生も、君たちをイエス・キリストのなかにおられる神への愛から切り離すことはできないだろう」ということを。あらゆる危険に直面して、心のなかで次の言葉を繰り返して言いなさい、「生においても死においても、われわれは主のものです」と。
>
> 戦闘で勝利者となって帰還した者たちには、いかに大きな栄光があることか！　だが、戦闘で殉教した者たちには、いかに大きな幸福があることか！　勇猛果敢な闘技者よ、もし生きながらえ主において勝利を勝ち得るなら、歓びたまえ。だがもし戦死し、かくて主と結ばれるなら、なおのこと欣喜したまえ。たしかにこの生は実り多く、その勝利は栄えあるものだ。

それでも、かくも聖なる死は、そのいずれをも凌駕することに、異論の余地はない。実際、もし「主において死ぬ者は幸せだ」と言われるとすれば、主のために死ぬ者については、それはなおのこと、もっとずっと真実ではあるまいか？

ランスの大聖堂の彫刻より。騎士が聖職者から聖体拝領を受けている。騎士はキリストの戦士なのである。

騎士がとりわけ目覚ましい活躍をしたのが、一二一四年七月二七日のブーヴィーヌの戦いであった。これは、フランス軍が皇帝同盟軍を撃破して、その後のフランス隆盛を決定づけた重要な戦いであったが、フランス軍勝利の帰趨を決めたのが、騎士の活躍だったのだ。

この戦いでは、一三〇〇人の騎士を率いるフランス王フィリップ二世（在位一一八〇〜一二二三年）が、オットー四世（在位一一九八〜一二一五年）率いる一五〇〇人の騎士を擁するフランドル・ドイツ連合軍を相手に、それぞれ四倍の数の歩兵を交えて渡り合った。ブーヴィーヌ付近のマルク川上流の開けた斜面は、フランスとフランドルの境界で、湿地帯からはずれていて、騎兵が効果的に戦えたのである。しかもフィリップは、事前に斥候を放って相手方の様子、戦力、陣容、各部隊の特徴などを探らせて、情報収集に余念がなかったし、軍議で出されたいくつもの有意義な意見をもとに、綿密な作戦を立てることもできた。さらに、軍は休息も十分、落ち着いて統制がよくとれていた。要するにこれは、騎士が一連の行動を支配する騎士道的戦闘の代表例であった。

しかし、もちろん馬を殺され落馬する者も多数いた。双方の主、フィリップとオットーも進んで果敢に戦い、また両陣営の勇士との誉れ高い騎士らが、命知らずの勇敢な戦いを繰り広げた。

一例を挙げれば、フランス王配下のサン＝ポール伯ゴーティエは武勇に秀でた騎士たちを引き連れて、まるで飢えた鷲が鳩の群れに向かって飛び込むかのような勢いで敵陣に切って入り、力を振り絞り、大勢に打撃を加え、また逆に加えられた。ゴーティエの剛胆は底知れず、また肉体も頑丈で、まわりの敵、逃げる敵をすべて打倒し、馬も人間も見境なく殺し、一人も捕虜にすることがなかったという。

中世末の最大の会戦、百年戦争と騎士との関わりについては、第五章の「百年戦争と火器の登場」の節で述べよう。

家臣としての騎士

カール大帝の死後、カロリング朝は衰退傾向をたどって中央権力が弱体化する反面、まず従属的、次いで自律的な諸侯領――プランシポテ（公領・諸

ブーヴィーヌの戦い。『フランス大年代記』の写本挿絵より、15世紀初頭。（フランス国立図書館所蔵）

侯領）——ができていく。しかも次第に下位の単位の領主が自立し、最初はいくつかの伯領を合わせたくらいのもの、ついで一つ二つだけの伯領、最後に一〇世紀末以降には城主領……というように分出していき、もともと皇帝から一代かぎりで与えられた財産や特権を相続するようになった。

　こうしてフランス王国は、一一世紀には一二ばかりのプランシポテと何百という城主領に細分化され、中央行政は徐々に私的なものになっていった。と同時に「地方」の権力、シャテルニー（城主領）が一一世紀第1三半期に司法的、軍事的、行政的な性格を強めて、その結果、一一世紀前半には裁治権の象徴でもある「城」が急増したのである。それらの多くは、公権力とは無関係に大土地所有者の私的なイニシアチブで作られていった。

　フランク時代に、土地所有にもとづく支配者（諸侯・貴族ら）は、私的な軍に囲まれた王に倣って、私兵と庇護民らを持った。彼らは将来の封建的家臣だが、まず誓約により、主人と厳格な義務で結ばれ、主人の「家」「屋敷」において、さまざまな役職者と交じってファミリア（一族郎党、家中）の一員となった。

　すでにフランク時代より、「恩顧」として首長が従士に与えるものが、馬や武器だけでなく、むしろ主に土地になっていた。これを恩貸地（ベネフィキウム）と呼ぶ。家臣は領主に臣従する見返りに保護・扶養してもらうが、のちに領地を与えられ、そのかわりに一定期間、戦争に従事するなどの奉仕をすることになった。これが封建的主従関係である。かくて、一〇二〇年頃には封建的主従関係が西洋世界のいたるところに広がり、それが社会・政治制度の根幹になっていった。

　奉仕は何種類かあるが、もっとも重要なのは軍事奉仕で、武器をもって主君を援助し、必要ならエスコートし、彼の城を守り、召集があったら急いで駆けつけて軍事的補助をした。ついで経済的な奉仕としては、次の四つの場合の金銭「援助」があった。すなわち、①十字軍への主君の出発、②長子の騎士叙任式、③長女の結婚、④捕虜となった主君の解放のための身代金である。また助言の義務は伯法廷（司法会議）、ついで領主法廷（司法会議）への参加であった。

　右に述べた封建的な軍事奉仕にも、いくつか種類があった。一つは「城砦警固奉仕」で、しばしば税の支払い（代納）に変えられた。二つ目は遠方への「騎行奉仕」で限定された軍事行動であり、徐々になくなっていった。最後に「軍役奉仕」で、これは一年に四〇日から六〇日の無報酬の奉仕だった。

　こうして恩貸地制と家士制とが結びついて封建制が成立し広まっていくと、騎士は封建階層の一つを占め、領主裁判権を持つようになる。西暦一〇〇〇年頃に「騎士＝miles」の語が広まりだした当時は、それは馬に乗る戦士を指していた。それから封建制の成立期になると、騎士は領主の「家」に属し、領主と共に領地や通行人から搾取する者たちを指すようになった。さらに一一世紀からは、騎士は家臣と同義になり、城主に仕える兵士＝騎士＝家臣となる。彼らは、自由農民を武力で抑えつけ、封建システムと領地制を強要し、力ずくで慣習法＝租税を課した世俗の支配階級であった。

　このように、一一世紀は城主と騎士の発展期であった。そして騎士は独自の社会集団として認められ、自らもそう主張するようになっていく。まもなく彼らの生活形態も価値体系も独自なものに磨かれてゆく。この社会集団としての騎士は、さしあたり貴族の「下」に位置することになる。家系的に貴族の名誉を欠いており、また大領地も持たないし、領主裁判権もない者たちだ。つまり主君として家臣を召集したり命令したりすることができない者なのである。だがそれでも彼らは、騎士として武器携行の権利があり、何より、馬に乗って戦うことが許されていた。後述のように、馬は高価で、それに乗って戦うのは、優位性、威光の印であった。騎士になるのは、かくて社会的上昇のよき手段となっていった。

騎士と貴族

　騎士と貴族の両者は、いったいどのような関係にあるのだろうか。なかなか難しい問題である。中世全体を見渡してみると、騎士でありながら貴族ではない者がいる一方、貴族なのに騎士ではない者もいる。両者は重なることが多いが、けっして同一ではない。もともと貴族は世襲で、血のつながりが本質的要素であった。しかし騎士のほうは世襲制ではなかったし、貴族に従属する立場にあった。

　時代を遡って考えてみよう。原「騎士」というべきは、カロリング期初期の重装備の騎兵の部隊であろうが、彼らは厳密な軍事的カテゴリーの集団で、戦争以外には、特別な権利・義務・表徴を持っていなかった。社会的には、概ね家臣のうち下層の者といえるだろう。

　封建的分裂が深刻化した一〇世紀末から、ようやく騎兵は独自の社会層としての実質を備え始め、大貴族と自由農民の中間を占めて「騎士」と呼ばれるようになった。この言葉はまた、主に貴族からなる自由な「家臣」を指すとともに、あいかわらず歩兵に対置される騎兵をも指した。これが一二世紀半ばまでの事態である。その時代の「騎士」の多くは、自由民だが貴族ではない者たちだった。彼らは土地を所有しないか、ほんの僅かの土地のみを持ち、城主や豪族に臣従していた。

　ところで騎士になるためには、兜、鎖帷子、刀、槍などを自弁で装備しなくてはならず、また実戦に耐えられる

ノルウェーのバルディショール教会のタペストリー断片（12世紀初頭）。5月に戦争に行く騎士。武具・馬具が揃っている。人馬の溌剌たる動きを切り取った図柄と、色のコントラストが魅力。

ように、幼少時からの訓練が欠かせなかった。戦争以外にもさまざまな祝祭行事に参加を求められた。生活に余裕のある貴族は、そうしたことが比較的容易だった。だから、中世世俗社会で軍事的な要素が重要になるにつれて、「貴族」の特性を示してきたさまざまな用語が、「騎士」によって掠め取られるようになったのである。

貴族たちの家系においては、当初、母系が重要だったが、彼らの軍事的様相が強まると父系のほうがずっと重きをなすようになった。また一〇〇〇年頃、新たな人物群（騎士）が社会的に上昇して貴族の下層に加わっていった。騎士の主体は、もともとは貴族といっても小貴族、すなわち自分の資産・権力基盤を持たずに従属的地位にある城主の従属者たち、世帯給付を受けた家臣、あるいは宮廷で扶養される家臣たちであった。だが、騎士も貴族の一員と認められる機会が増えると、一一世紀半ばには「騎士」と「貴族」が同一視されることがしばしば起きるようになる。その新貴族には、従来の貴族の分家・傍系出身者や、富裕な農民、あるいは都市のパトリチア（一二・一三世紀の経済発展で富裕化した商人たちから成る都市貴族）出身者が含まれた。

ヨーロッパでは、早いところでは一一世紀から、遅いところでは一三世紀、いや一四世紀になってから貴族が増えていくが、それは、自由農民や職人などが金を蓄え、馬や装具を自弁し、主君への軍事奉仕によって——騎士たることを介して——貴族階級の下部に食い込んでいったからである。彼らは、上位身分の家柄の娘と婚姻を結ぶ慣習によって、自分の主人のランクへと自らが上昇することを期待できたのである。領主は自分の息子は上位の娘に結婚させたいが、娘については、あるいは親族の寡婦については、自分の従属者や家臣に与えることを嫌がらなかった。そうすれば、家臣から忠実な軍事奉仕を期待できるからである。

しかしこうした成り上がりが続出すると同時に、「騎士」は、そのなかにより高い身分の者も含むようになっていく。フランスでは一一世紀初頭、イングランドでは一一世紀半ば以降に、高い身分の貴族の騎士への参入が起こったのである。まずは城主層が参入したが、一二世紀初頭には大貴族さらには王や皇帝までもが騎士を名乗るようになった。そこで、一方に専門職の騎兵である低い身分の騎士がいるかと思えば、他方には——公式な肩書きとしてではなく——付属タイトルとして騎士を名乗る高位の身分の者がいる、という事態が生じた。この高位の騎士と下位の騎士とは、はじめは騎士叙任式の規模や派手さが大きく違うなど、両者ははっきり区別されていたが、だんだん交じり合い、一二世紀、とくにその後半以降になると、同一のエートス（騎士道）を有するようになり、共に宮廷生活のなかで名誉を重んじる優雅な生活を送ろうとする。こうして騎士全体の高貴性が高まっていくのである。騎士が一体化するのに反比例するように、貴族は分裂する。すなわち貴族たちは、一〇世紀末までは自分たちを高貴な秀でた存在として、集団としての一体感を感じていたが、一一世紀の経過とともに上下に分解する。そして、出生、血筋などの資格よりも軍事的職務のほうが、彼らのアイデンティティーの拠り所として好まれるようになるのである。

今一度、騎士を封建制との関連から眺めてみよう。封建制が広まっていくと、騎士は軍役を主君に提供する家臣の意味になってきた。すなわちそれは、貴族の子弟であったり、諸侯・有力貴族・城主に仕える城付き騎士層であったりするのだが、彼らは成人すると身分の高い寡婦と結婚したり、受封したり、相続したりして、所領を得て独立を目指した。一二世紀には戦争に参加する見返りに貧しい準騎士たちに所領が授与され、騎士に叙任されるようになるが、このように授封と騎士叙任が一体化すると、騎士と家臣はいよいよ重なっていくのである。この過程で騎士は数をずっと増やし、ヨーロッパ中に広がり、城や騎士＝家臣に与えられる封土も一般化した。こうした広がりによって、国際的な団体としての騎士の共通意識と共通文化が生まれたのである。ところが一二世紀半ばから一三世紀半ばにかけて、騎士生活の出費が嵩むようになると、もともとの専門の騎士らとその子孫はその肩書きを放棄し始め、むしろ騎士とは、貴族のなかでも上層の者たちと同一視されるにいたる。経済的理由で「騎士」にならない（なれない）者は、一生涯「楯持ち」に留まるのである。しかも「楯持ち」に、上層の貴族出身でありながらまだ叙任していない、若い――あるいは貧しい――者が多く加わっていくと、それも騎士のタイトルの一種とみなされるようになる。これに対して、大半の土地なし騎士とその子孫は、楯持ちのタイトルさえ失ってしまう、つまり騎士はまったく貴族、エリートのものとなるのである。

騎士階級への入会を阻むのは、一二世紀末までは富の力の欠如だけだった。馬や武器を自弁する財力さえあれば、騎士への門戸は比較的大きく開かれていたのである。しかしフランスのなかでも、ピカルディー、ノルマンディー、フランドル、シャンパーニュの諸地方では、早くも一二世紀末には騎士＝貴族への門戸は閉ざされて、成り上がりを許さなくなった。ドイツではもっとその傾向が強かった。それは次のような事情があったからだ。ドイツでは王侯の宮廷で仕えた家人＝ミニステリアーレスという不自由身分の者たちが、直接、王や諸侯に仕えて、所領・財産の管理者、行政・軍事の担当者となっていたが、彼らが指揮する軍隊が、一二世紀までドイツ軍の主体だったのである。家人は本質的に君主の武装奉仕者（下僕）という位置づけであり、フランスの「騎士」のような高い身分を持ってはいなかった。つまりドイツでは戦士と貴族は、フランスよりずっと後の時代まで同一化しなかったのである。

そして一三世紀になると法的な制限

がますます厳しくなり、ヨーロッパのいたるところで、騎士への門戸は、非＝貴族には閉ざされ始めた。農民や聖職者の息子に騎士叙任が禁じられたり、祖先に騎士がいることを証明しなくてはならなかったり、騎士封を少なくとも四世代前から入手していなくてはならなかったり……といった要件が、法典や慣習法、あるいは制定法によっても定められた。ところがドイツではまたしても逆の動きがあり、ミニステリアーレスは、その王侯の宮廷における役務の重要性から、不自由身分を解かれ、一気に貴族身分に食い込んでいったのである。

　そして大貴族の騎士身分を授与する権利は、王に占有されていくことになる。王は彼らの騎士身分と、その義務をコントロールすることで、自分の権力基盤を高めていったのである。王が騎馬槍試合を規制するのもその一環だった。王による騎士身分掌握のプロセスは、一二世紀後半から始まり一三世紀後半に進展し、一四世紀には完成する。今や騎士理想の源泉は王なのである。英仏の王らは、大貴族らの所領やその身分（公伯など）が世襲化されても、新たにその身分を継いだ者を正式に叙任するのは自分の役目だと主張したし、とくに騎士身分はけっして世襲されない、ということで王は「名誉の源泉」でありつづけられたのである。のちに世俗騎士団が王によって創設されるのは、このことと関係している。

　こうして、大貴族であれ小貴族であれ、貴族の息子にのみ騎士叙任される風潮が広まると、いよいよ騎士は貴族と同義になっていったのだが、逆に、貴族すべてが騎士叙任されるわけではないことに注意が必要である。つまり全体の傾向として、騎士の一部が貴族だった初期・盛期中世から、貴族の一部が騎士である後期中世へと、移りゆくのである。一四世紀からこの傾向が加速化して、その結果騎士の数は減っていく。というのは、騎士叙任の儀式が贅沢になって費用が嵩んだし、軍事的負担（責任）がいっそう重くなったからである。一説では、一三〇〇年から一五〇〇年には、騎士叙任した貴族の数は三分の一から二〇分の一になったという。むしろ「楯持ち」に留まる貴族が増え、戦士としてのキャリアのうちで名誉を高めたい者、その資力のある者のみが叙任するようになったのである。騎士は次第に名誉称号となり、誰にでも手に入るものではなくなっていった。

騎士の時代

　騎士たちが実際に戦争で大活躍し、また社会的にも大きな存在感を示したのは、盛期中世、すなわち一一〜一三世紀であった。では、この時代のヨーロッパはどういう状況であり、そこで騎士らはどんな位置にいたと考えたらよいのだろうか。ドイツとフランスを中心に考えてみよう。

　まず政治的・軍事的な側面から見ると、ドイツ（神聖ローマ帝国）では、異民族の侵入のなかで国家再建が始まっていた。他の部族太公に対して軍事行動を行って勝利を収めてきたザクセン部族太公（リウドルフィンガー家）に属するオットー一世（ドイツ国王在位九三六〜九七三年）が、九六二年皇帝に戴冠されるとともにイタリアにも進出し（イタリア政策）、そののちにはブルグント王国も帝国に編入されたが、ドイツの国王（皇帝）は、選挙によって選ばれるという不安定性があったし、常に反対勢力もいた。またイタリアはしばしば政情不安定であった。

一一世紀後半から一二世紀初頭にかけて、叙任権闘争で教皇と争うにいたるや、さらにドイツ国王（皇帝）の権威・権力は失墜してしまった。フェーデが繰り返されて平和が遠のき、諸侯・貴族らは領地に城を構え、また官職を利用して封土を蓄積して支配を拡大していった。国王（皇帝）は聖俗諸侯とレーエン関係（封建法によって規定された主君と家臣の関係）を結んで、なんとか形式的には国家（帝国）の体裁が保たれたが、実際は裁判権ばかりか、関税徴収権、貨幣鋳造権なども、まもなく諸侯に付与された。そして彼らの支配領域たる領邦が最高の主権領域となり、国政は国王直属の帝国諸侯たちによって担われるようになっていった。

一一八〇年、フリードリヒ一世（在位一一五二〜一一九〇年）は、ハインリヒ獅子公（ザクセン公在位一一四二〜一一八〇年、バイエルン公在位一一五六〜一一八〇年）からザクセンおよびバイエルンの二つの太公領を裁判により没収したのだが、これを自らの皇帝領に編入することができなかった。その代わり、それらをふたたび聖俗諸侯に再授封したのであり、かくして権威が低下し、都市政策にも失敗して、人的紐帯の面でも弱かった皇帝の哀れな姿を見せつけることになった。

こうしたなか、ミニステリアーレスは、徐々にその隷従性を振りほどき、官僚の上層に食い込むことで、やがて騎士身分を獲得したのであった。

一方フランスでは、九八七年、カペー朝がユーグ・カペーによって始められた。当初、王領地はパリ周辺のイル＝ド＝フランスにかぎられ、諸侯領に比べてもずっと小さかったし、王としての権威はあったものの、まだ十分ではなかった。

しかしルイ六世（在位一一〇八〜一一三七年）とルイ七世（在位一一三七〜一一八〇年）が、王領地内で反抗する貴族らを排除し、平和の守護者としてのイメージを構築することで、王権の諸侯に対する優位性が確立し、一二世紀末以降、フランドル、ノルマンディー、メーヌ、アンジュー、ポワトゥーなどへの王領拡大、さらにはアルビジョワ十字軍（一二〇九〜一二二九年）後の南フランスの統合と進み、同時に統治組織の整備が行われた。結婚政策や伯領への近親者任命、家系断絶による没収、伯や副伯の家臣化、領有契約など、あらゆる手段を用いて、王家はその支配領域を拡大していったのである。

なお、ノルマン・コンクェスト後のイングランドでも国制の組織化が急ピッチに進み、とくに巡回裁判と告発陪臣制度が採用されたことは、地方のハンドレッド（州の下の行政区画である郡）や村にまで国王の行政権を行き渡らせることになった。こうして中央集権化が実質的に足固めされたのが、ヘンリ二世（在位一一五四〜一一八九年）治世においてであった。

このように徐々に王が中央集権化を進めていったフランスやイングランドだが、それは、城の城主たちが力を増していく傾向とは、かならずしも矛盾しなかった。つまり、土塁・堀・木柵・塔などからなる城を根城にして、王侯ら大貴族から独立した城主らが、コンパクトながら有効な支配を一円に及ぼしていったのが、一一〜一二世紀にかけてなのであった。

家族のあり方が変化したことも、城

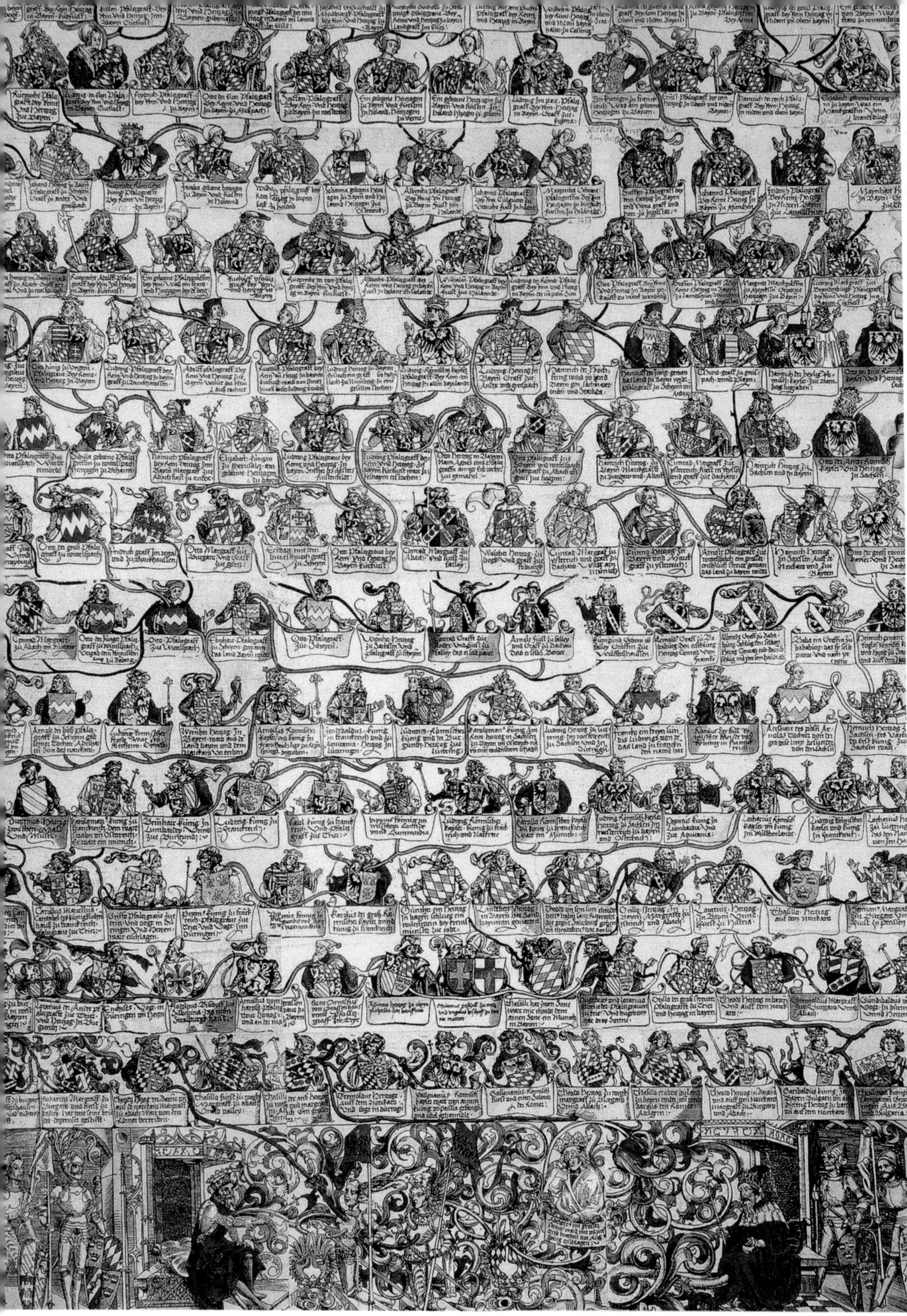

ヴィッテルスバッハ家の系統樹。1501年頃。（ミュンヘン、バイエルン国立美術館所蔵）

カール大帝の家系。彩色木版画、1493年、ハルトマン・シェーデルの『ニュルンベルク年代記』より。（フランス国立図書館所蔵）

主権力の強化をバックアップした。カロリング期に一般的だった双系的な親族集団が、父系を軸とする家族集団、よりコンパクトな集団に分解・再編成されていき、しかも婚姻政策によって他の多くの外部者が親族となってこの家系を支えたのである。こうした城主らは、いわば封建制のピラミッドの中間項で、経済的には農村領主であったが、王権は封建制を媒介として、諸侯領とその下の夥しい城主領を王領に組み込むことで、実質的な支配領域を広めるとともに中央集権化を遂げていったのである。これが封建王政だが、それが完成したのが、ルイ九世（在位一二二六～一二七〇年）の時代であった。

「騎士」というのは、もともとはこのピラミッドの末端を占めており、のちに、より上層の貴族たちをも含む概念へとそれが拡大していったときにも、大半を占める小貴族の騎士、なかでも長子相続制の仕組みのなかで封土を持つことができずに貧しいままの若者は生活に苦労した。彼らはなんとか利益を上げるために、戦争を求めて遍歴した。たとえ主君がいるとしても、傭兵となって他の実力者に仕えることもあった。

この時代は、経済的にはどう捉えられるのだろうか。一一世紀に入ると、いわゆる第二次民族大移動と称されるイスラーム教徒・ノルマン人・マジャール人らの侵入が終わった。そしてこの安定期に、農民たちは森を切り開いて耕地にする開墾運動を進め、農業生産向上に努力した。領主は、租税免除などの有利な条件を提示して新たな土地に農民を入植させ、そこに農村の再編、新村の建設が実現することになった。農業生産の向上は、水車の導入、牽引馬具の改良、有輪犂の使用、三圃農法の普及などにも負っていた。農民の境遇は次第によくなり――一部古い領主・農民関係がそのまま残ってしまったところもあるが――、古典荘園は解体し、農民の隷属（隷農）はなくなっていき、かつての領主直営地での賦役の代わりに、実物貢租、さらには貨幣地代が主流となっていく。

また同じく一一世紀以降には、都市が発展する。それまで農村でも小規模な交換経済が行われ、職人業もあったが、よりよい境遇を求めて農村から都市へとやってきた者たちによって、同業組合が形成されることにより、商業、手工業が一段と発展して、それが都市自体の発展につながったのである。より大きな視野で眺めると、北イタリアを中心とする南方商業圏とフランドルを中心とする北方商業圏があり、両者を結ぶ大市が、シャンパーニュの大市であった。

都市は領主制から免れた自由と自治の世界だというのは間違いとはいえないし、多くの場所で一一世紀末以降、都市領主の暴政に抵抗し、自由を求める誓約団体が市民たちの間で作られたのも事実である。だが初期の都市においては、教区を基礎単位とする個別の共同体が、都市領主と協調しながら自治を行っていたし、全市民による自治獲得といっても、その自治自体が、自治権を付与した王侯の上級支配のもとにある、かなり限定的なものだったというケースも多い。イタリアの都市国家は、上級支配権から免れて自治国家の様相を呈したが、しかし都市内部には封建的要素が残存し、周辺農村とも始終密接な関係を保っていた。自治都市では一二世紀中に、軍事的な権利および財政的権利を都市領主から獲得し、また自ら裁判を行うことで、領主裁判所に対抗することもできた。当初の司教や貴族の支配を脱して、平民のうち大商人らが政治の実権を握るというのが通常の展開パターンであったが、大商人らは自ら都市貴族層へと昇っていくことになる。

こうしたなか、富裕化した農民や商人が騎士になることもあった。地所を獲得し、その地にゆかりの貴族風名前を名乗ったりして騎士気分に浸るだけではなく、実際大領主に取り入って騎士に叙せられれば、しめたものだった。またたとえ富裕でなくとも、武勇を誇示し戦闘で戦果をあげることによって、もともと農民であった者が、騎士に叙せられることもあり得た。しかし騎士身分は、次第に排他的傾向が強まり、多くの君主が、農民が騎士になることを禁じる法令を出した。一三世紀には、他の階級の者が騎士になるのは難しくなり、すでに説明したように、騎士が貴族と同一視されてしかもその貴族の一部が騎士となる時代がやってくる。ところがやがて、都市当局が騎士叙任権を持つようになると、ふたたび下層民の騎士が生まれることになった。

コラム 1

バイユー・タペストリー

「バイユー・タペストリー」はウィリアム征服王（在位一〇六六〜一〇八七年）による一〇六六年のイングランド征服を表した一枚の刺繍である。この刺繍は平均五〇センチ幅の布地がなんと約七〇メートルにわたって伸び拡がっている（当初は八〇メートル近くあった）。制作は、ウィリアム征服王の妻である王妃マティルドに帰されているが、より可能性の高いのは、ウィリアムの異母兄弟であったバイユー司教ウード（オドン）のために働く刺繍職人の仕事であるようだ。一〇七七年、バイユー大聖堂の身廊に最初に展示されたようだが、一〇年近く前に完成していたとも指摘されている。

　このタペストリーは、枠となる上下縁と中央部からなり、中央部は、ねじ曲がった木々と建築物によって区切られた長短さまざまな七二のシーンからなっている。前半部では、サクソン人のハロルド二世がノルマンディー公ギヨーム（ウィリアム）を訪ねて彼にエドワード証聖王の遺産すなわちイングランド王国を約束するという話が中心をなしている。第二部はハロルドの不当な戴冠からギョームの戴冠までの話がメインで、途中、ノルマン人による艦隊の準備、英仏海峡の横断、ついで一〇六六年一〇月のヘイスティングズの戦いのシーンが挟まれている。上下二つの縁には、現実の、また想像上の動物や、日常風俗とくに畑仕事、寓話、裸体、装飾が描かれているし、全体として、当時の衣服、武器、戦術、航海、封建関係などについての重要な情報が、生き生きとした絵図から窺うことができる点、ひじょうに貴重である。

　当タペストリー制作の目的は、イングランド人らに、偽証者ハロルドの正当な死とギョームのイングランド王への登極の合法性を、説得するものであ

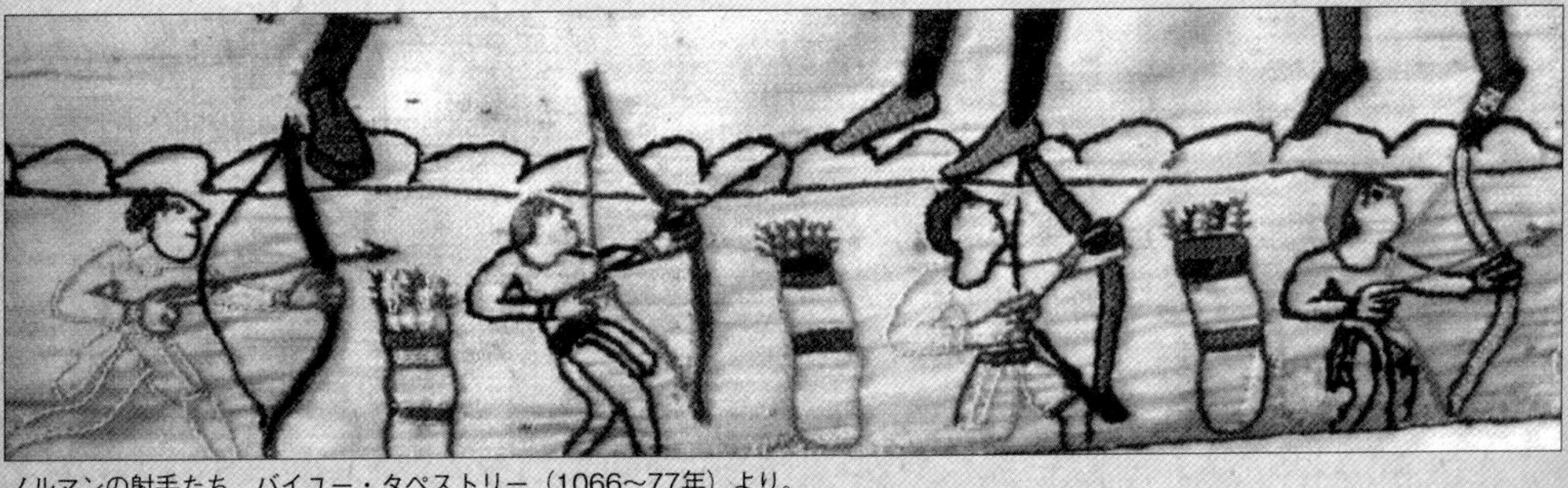

ノルマンの射手たち。バイユー・タペストリー（1066〜77年）より。

騎兵隊と射手たち

ハロルドの眼を射た矢。26ページ図版すべてバイユー・タペストリー（1066～77年）より。

騎兵隊の間にいるノルマンの射手たち

サクソンの歩兵たち

ったともされるが、十分満足のいく説明は出されていない。

　八色のリンネルと毛織物の画布だが、作者は色の使い方、線のデッサンと色の付いた表面の組み合わせ方が実に巧みである。そしてこのタペストリーは、中世のイコノグラフィーでもっとも重要なもののひとつである。

第二章　騎士団

フランス・ホーゲンベルクによるエルサレムの景観。1590年頃。

西洋の騎士がキリスト教会の影響を濃厚に受けたこと、とりわけ十字軍を契機にキリストの戦士＝騎士との理念が創られ、騎士たち自身にまで浸透していったことはすでに述べたとおりである。もうひとつ忘れてはならないのは、十字軍が、騎士修道士という、騎士でありつつ修道士でもあるという、奇妙で特別な身分の者たちの誕生の機会ともなったことである。もともと修道士は、人里から隔絶した僻地で、世俗との付き合いを絶ち、神と直面しながら祈りに専念することを職務とするキリスト教のエリート集団であったのだが、十字軍を契機として、宗教エリートと世俗のエリートが合体したような、特殊な類型の戦士が、大活躍するようになるのである。彼ら騎士修道士の団体を「騎士修道会」ないし「騎士団」と呼ぶ。

元来、騎士団は、聖地において巡礼と十字軍兵士の世話・援助を恒常的に行うために作られたはずであったが、徐々に軍事的色彩が強くなり、聖地とその周辺の警護・防備を主たる仕事にしていった。最初に登場したのが聖ヨハネ騎士団（ホスピタル騎士団）であり、テンプル（神殿）騎士団、ドイツ騎士団などがその後につづいた。他にイベリア半島には、国王によっていくつかの騎士団が創設された。

彼らは基本的に教皇直属で、他の一般の修道会と同様な戒律に従うが、修道士として祈りや典礼に専心するのではなく、普通の騎士以上に果敢で恐るべき騎士として、武力で神とキリスト教世界に仕えたのである。

聖ヨハネ騎士団

聖地にやってくる巡礼を助けるため、最初に作られたのが「聖ヨハネ騎士団」、別名「ホスピタル騎士団」である。その名は、救護所（施療院）に由来している。もともと巡礼の救護所であったからである。一〇七〇～八〇年頃、南イタリアはアマルフィ出身の商人が、

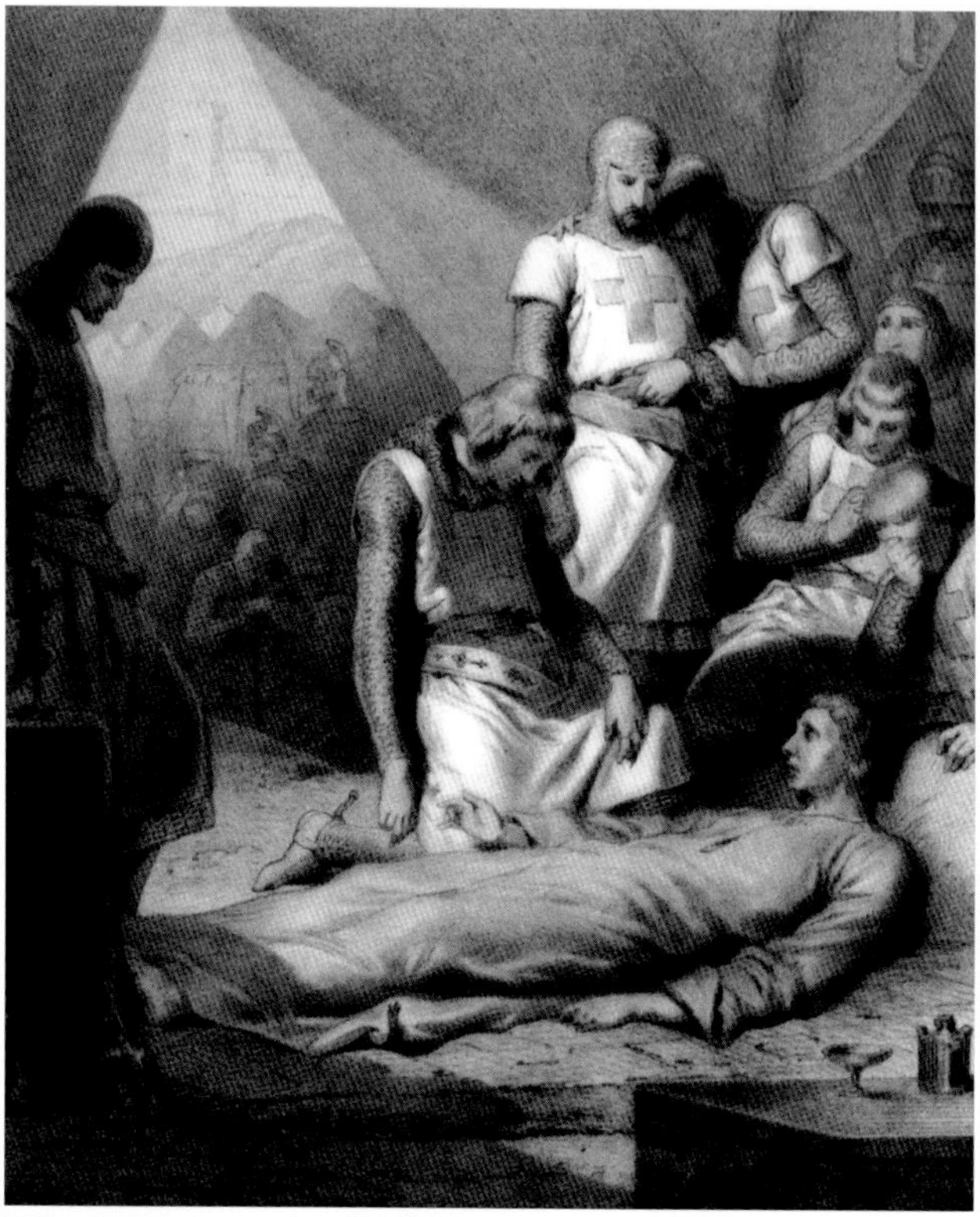

聖王ルイの死とサン＝ラザール騎士修道会の騎士たち。当修道会は、もともと聖ヨハネ騎士団と一体化していたが、そこから分離してレプラ患者の世話を専門にするようになった。

聖墳墓教会にほど遠からぬ所に小さな小屋を建てたのが始まりであり、当初、少数のボランティアの団員からなるごくささやかなものであった。しかし次第に有名になって、多くの寄進・寄付を集めて団員数も増え、またいくつもの教会と関連施設を建設することになった。

　第一回十字軍の成功でエルサレム王国が建国されると、当騎士団には、王侯からますます多額の寄付が寄せられ、聖地以外の他の地域にも分院が作られていった。福者ジェラールのもと、やがて会則が制定され、制服が決まり、一一一三年、教皇パスカリス二世（在位一〇九九～一一一八年）時代にベネディクト会の庇護を脱し、教皇直属の修道会として正式に認められた。

　その性格が一変したのは、第二代総長のレモン・デュ・ピュイ（在位一一二〇～一一六〇年）のときだった。というのも、もともと修道士が誓うことを求められた清貧・貞潔・服従の誓願に加えて、武器を手にして聖地を防衛するとの任務が掲げられたからである。このときから、この救護修道士らが「聖ヨハネ騎士」となるのである。そして四つの先端が二つの尖りを持つ「マルタ十字」が、十字徽章として楯や衣服、旗に付けられた。組織化は進み、各国に拡大した領地は寄進により膨大なものになり、いくつかの管区に分割して治められた。

　聖ヨハネ騎士団は、次に挙げるテンプル騎士団の影響を受けて、軍事活動を大きな柱とするようになったとはいえ、それでも救護・介護活動をやめてしまったわけではなかった。十字軍におけるはかり知れない痛手となったアッコンの陥落（一二九一年）も、聖ヨハネ騎士団にとってはさほど大きな打撃ではなかった。というのも、彼らはキプロス島に多大の富を蓄えていたため、そこに撤退し、十字軍再興をはかって異教徒との戦いを継続したからである。

　さらに聖ヨハネ騎士団は、一三〇九年、ロードス島に本拠を移してイスラーム勢力に対抗しつづけたが、オスマン・トルコ軍に攻撃されて退去を余儀なくされた。聖ヨハネ騎士団は、名前を変えたロードス騎士団としては一五二二年まで継続した。その後一五三〇年に、神聖ローマ皇帝カール五世（在位一五一九～一五五六年）から与えられたマルタ島が新たな拠点となり、それで再度名前を変えマルタ騎士団と呼ばれるようになった。一七九八年にはナポレオン一世（在位一八〇四～一八一四年）に降伏してマルタ島からも追放されるが、教皇庁の勲爵として生き残り、一五カ国の会員を擁しながら、多分に儀礼的な慈善団体として現代まで継続している。

テンプル騎士団

「聖ヨハネ騎士団」にやや遅れて成立したのが、「テンプル騎士団」である。はじめから軍事活動を目的とした点でヨハネ騎士団とは異なっている。

シャンパーニュ地方出身の騎士、ユーグ・ド・パイヤール（パイヤン）が、フランドルのゴドフロワ・ド・サン＝トメールらと聖地において巡礼警護を始めたのが、当騎士団成り立ちのそもそもの始まりであった。一一一九年、「キリストの貧しき騎士」と名乗る最初の修道会ができた。が、当初はその名のとおり、本当に貧しい九名の騎士としての活動であった。

しかしエルサレム王ボードゥアン二世（在位一一一八～一一三一年）が、ソロモン神殿に彼らを居住させるに及んで一気に発展し、テンプル（神殿）騎士団となった。彼らには、世俗の王侯ばかりかシトー会の支援もあった。そして教皇ホノリウス二世時代（在位一一二四～一一三〇年）にシャンパーニ

教皇インノケンティウス２世（在位1130～1143年）

1187年、クレッソン泉の戦いのときのジャクラン・ド・マイイの最期。伝説では彼はテンプル騎士団の元帥だが、実際は普通の騎士だった。19世紀の版画。

ュ伯領の首都トロワで開かれた公会議（一一二九年）で公認されるとともに、独自の会則が制定された。その会則では、入会規則の他、毎日のミサ聖祭、身なりと食事について、沈黙の必要性、総長への絶対服従、あやまちについての規定などが定められた。世俗的な娯楽は、狩りを含め禁じられ、長髪もだめで、質素な衣服が励行された。

教皇インノケンティウス二世（在位一一三〇～一一四三年）は、この騎士団に自分以外の教会権力には束縛されないと宣言し、十分の一税も免除した。テンプル騎士団が急速に豊かになりエルサレム王国だけでなくヨーロッパ全体に分院を拡げていったのは、こうした優遇措置の賜であった。そして所属騎士はうなぎのぼりに増えて、数千、いや一万人まで達したともいわれている。管区数は当初の二つから、最終的には九つへと増えた。重要事項はすべて高位者で組織される総会（参事会）で決定されたが、総会の主要メンバーは諸地域＝管区の長であり、各管区にはそれぞれの議会があった。組織化の進捗は著しく、絶対的権力を持つ総長のもと、財産と人員の堅固な管理組織ができあがった。普通の修道会以上、いや普通の軍隊以上に厳密な命令系統、規律があり、罰則規定も厳しかった。聖ベルナールが理想とした、キリストの戦士を地でいったのは、まさに彼らエルサレム王国の精鋭部隊だったのだ。

会員の身分は、「騎士」「聖職者」「平民」の三つであった。「騎士」のみが厳密な意味での戦士で、貴族身分から徴募された。おごそかな儀礼の入会式が、騎士修道士になるために行われ、志願者は一般の修道士のように清貧・貞潔・服従の三つの修道誓願をした。

彼らを助ける補佐役が「平民」の従士と楯持ちであり、「聖職者（司祭）」は礼拝と秘蹟とを司った。他に助修士に類する存在もいて、雑役夫のような役割を担った。服装は白いマントに赤

パリのテンプル騎士団会堂の「教会」。17世紀の版画。

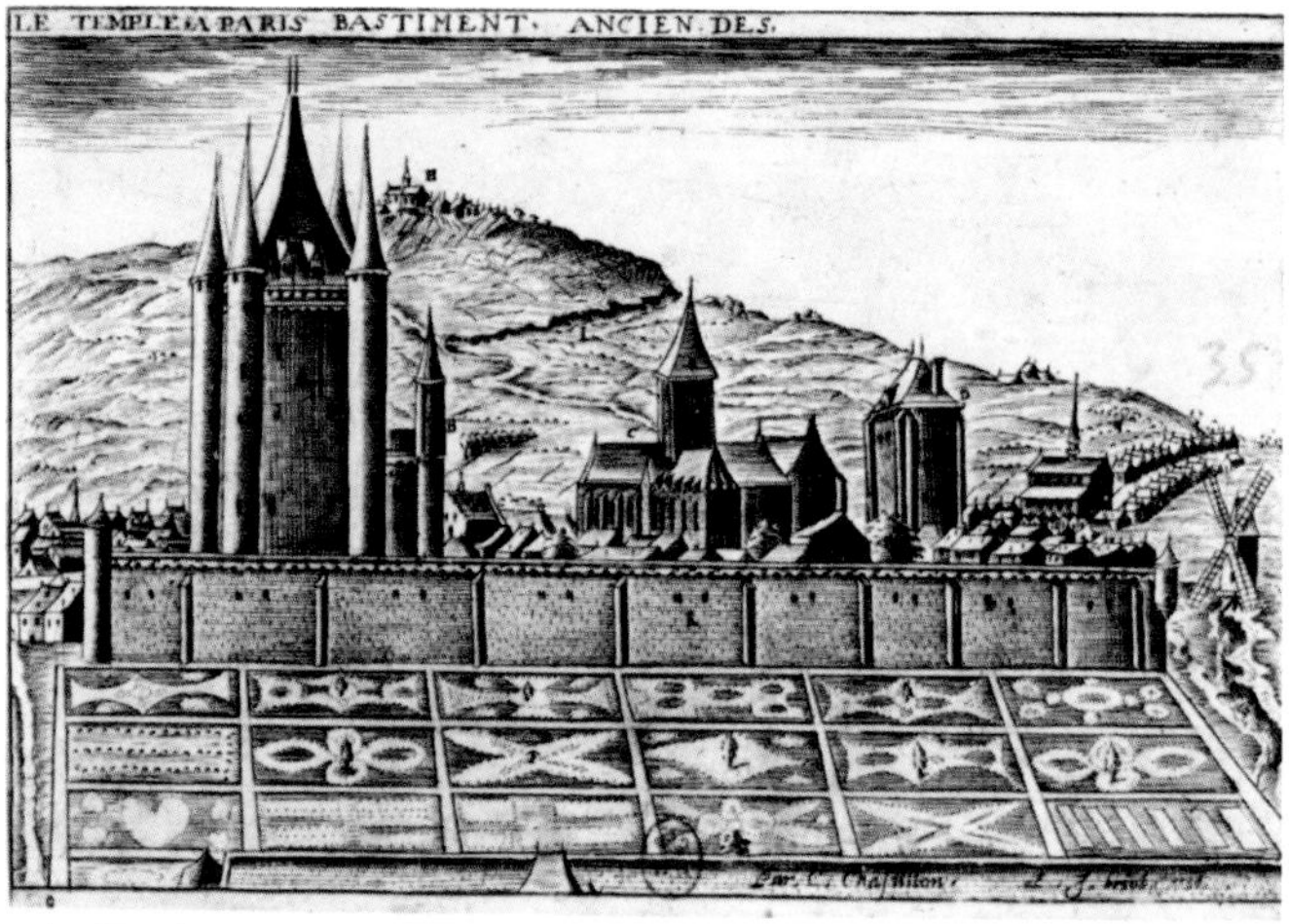

同上の囲い地。左手にテンプル騎士団会堂の主塔が見える。17世紀の版画。

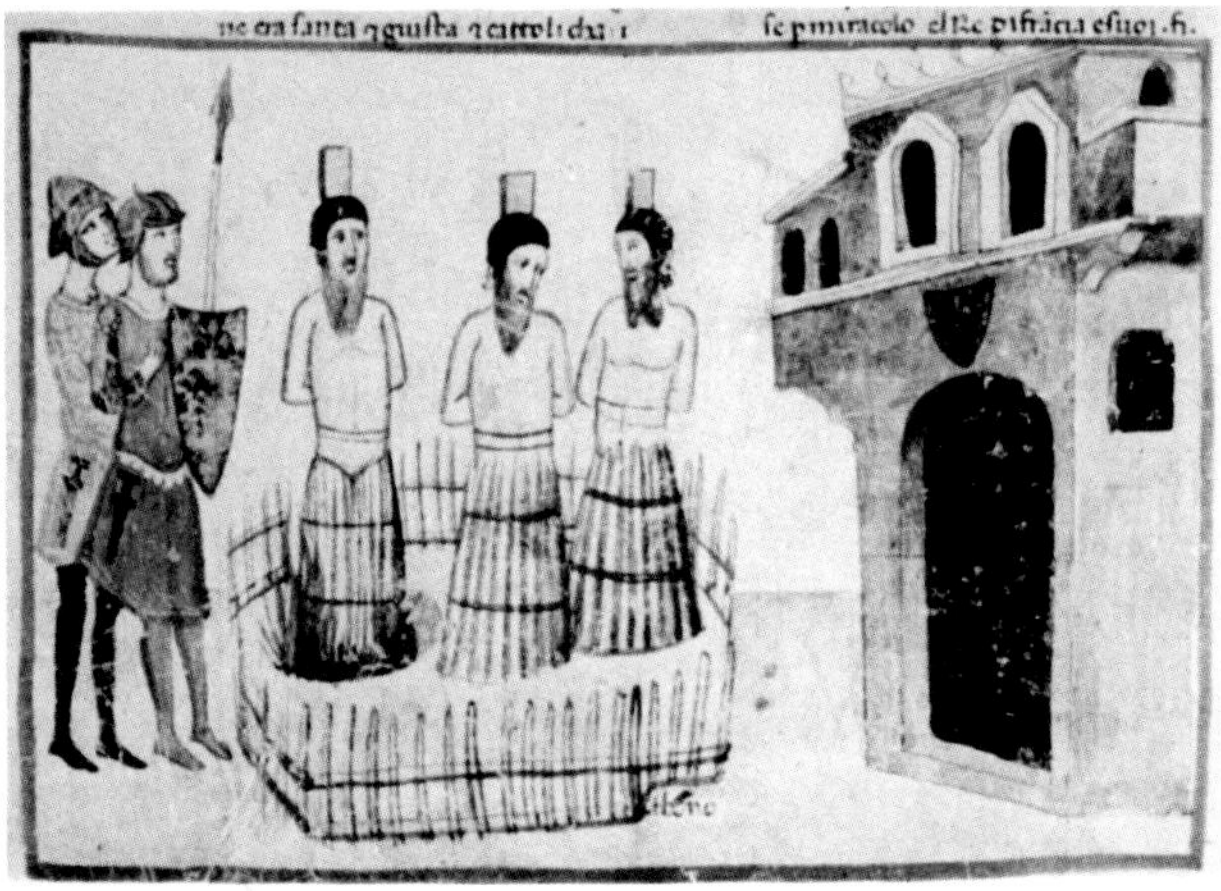
「テンプル騎士の火刑」。ヴィッラーニの「新年代記」。14世紀初頭の写本挿絵。

十字だが、白マントは騎士のみに認められた。なおこの白色は、聖ヨハネ騎士団の黒色と対照的な色である。

さて、彼らの修道騎士としての武勲はいかなるものだったのだろうか。テンプル騎士は騎兵としても優れ、身分に応じた頭数の馬を各人が所有していたし、会則のなかに騎兵攻撃の方法の指示さえ載っているほどである。第二回十字軍では、聖地防衛のためにアスカロン包囲戦に加わり、第三回十字軍直前にはサラディン軍に立ち向かったりしたが、惨憺たるありさまで敗退した。しかし第三回十字軍では、フランス王フィリップ二世（在位一一八〇～一二二三年）とイングランド王リチャード一世（在位一一八九～一一九九年）の救援もあり、アッコンの奪回にテンプル騎士団も貢献できた。その後の十字軍でははかばかしい働きをするチャンスもなく、次々と十字軍側の拠点が奪われていき、一二九一年五月二八日、アッコンの城塞も陥落し、生き残ったテンプル騎士全員が聖地を去った。

テンプル騎士団の独自性は、一種の銀行業務で富を築いたことである。つまり、巡礼が出発地で預けたお金を各地の支部でおろせる、というまさに銀行の役目であり、彼らはそれを元手に貸付業を手広くやって儲けていった。フランスではとりわけ組織の規模が大きくなり、王国の財産管理まで任されたが、敵視されることも多くなった。

フランス王権が目をつけたのは、まさにテンプル騎士団のこの富であった。フィリップ四世（在位一二八五～一三一四年）時代の一三〇七年一〇月一三日、総長を筆頭に、フランス全土約三〇〇〇のコマンドリー（騎士領）のテンプル騎士が、王命により一斉に逮捕された。でっち上げられた罪状で彼らは異端として裁かれ、自白を強要されて有罪となった。告発されたのは、彼らの背教、キリストへの侮辱、入会でのいかがわしい儀式などであった。一三一一年のヴィエンヌ公会議を経て、教皇にも見捨てられ、数名の指導者が、火刑に処された。

聖ヨハネ騎士団とは対照的な悲劇的な最期である。

スペインの騎士団

レコンキスタ（国土回復戦争）の風潮のなか、イベリア半島のキリスト教国の諸王は、弱体化して軍事力不足に陥った状況下でそれを補おうとして、次々と騎士修道会を作ることになった。いずれも聖ヨハネ騎士団とテンプル騎士団の影響を受けたものだった。最初にできたのは、カラトラバ騎士団（一一六四年）、ついでサンチャゴ騎士団（一一七〇年。ただし騎士修道会としての教皇による承認は一一七五年）、アルカンタラ騎士団（一一七七年）が成立した。

アルカンタラ騎士団徽章

カラトラバ騎士団徽章

サンチャゴ騎士団徽章

いずれも防衛力を保つために国王のイニシアチブで作られ、王に忠誠を誓ったことが特徴的である。これらの騎士団は、レコンキスタ推進および占領地の防衛・開発に力を尽くし、イベリア半島諸国の政治・経済・社会的発展に貢献することになった。やはり清貧（私有財産放棄）、独身、教皇への服従を誓ったが、時代が進むとこの修道誓願を免除されて、他の貴族同様な特権階級となった。

　これらのスペインの主要な騎士団についてもう少し詳しく説明しよう。

　最初に作られたのは、カラトラバ騎士団である。カスティリア王サンチョ三世（在位一一五七〜一一五八年）が、イスラーム勢力から奪った要衝の城カラトラバを防衛するため、それまでのテンプル騎士に替わる新たな封臣を探したが、なかなか希望者はいなかった。やがて当時ナバラにあったシトー会フィテロ修道院の院長ラモンが申し出て、植民者を引き連れてカラトラバに赴いた。この集団を騎士団とすることに、教皇アレクサンデル三世（在位一一五九〜一一八一年）が承認を与え、またカスティリア王アルフォンソ八世（在位一一五八〜一二一四年）が、彼らの活躍に応じて領地を与えることを約して、領地も増えていった。一時、ムワヒッド朝の攻撃でカラトラバを失うものの、のち回復できた。カラトラバ騎士が忠誠を誓ったのは、教皇や教会以上に王と王国に対してであった。一二一八年には王たちの意向に従い、ポルトガルとレオンに所有する領地・城塞を整理して、それぞれアヴィシュ騎士団とアルカンタラ騎士団へと、姿を変えた。カラトラバ騎士団は、半島中南部でレコンキスタを継続した。

　次に一一七〇年頃、スペイン西部のカセレス防衛のために作られたのが、サンチャゴ騎士団であった。これは、仲間のキリスト教徒同士が激しく争うのを見て恐れをなした一三人の騎士が、キリスト教徒に対してはけっして剣を抜かず、異教徒に対してのみ戦うと誓ってできたものだ、との説がある。当初「カセレスの兄弟たち」と呼ばれた者らは大司教と協定を結び、また一一七五年には教皇アレクサンデル三世に承認され、アウグスティヌス会の修道会則を採用した。多くの騎士は結婚しており、その家族と財産は騎士団所有となった。その後の発展は著しく、レコンキスタの中心的担い手となった。一二五〇年以後、国王がこの騎士団を支配するようになる。

　第三のアルカンタラ騎士団の起源は不明だが、正式な騎士修道会になったのは、一一七六年、教皇アレクサンデル三世の承認を得たときであった。なお、ポルトガルにも、アヴィシュ騎士団、キリスト騎士団などができた。

　対イスラーム勢力として先頭に立ち活躍することが期待されたこれらの騎士団は、一二世紀半ばから一三世紀半ばが活発な活動時期で、その最盛期はムーア人との戦いに情熱を燃やしたカスティリアのフェルナンド三世（在位一二一七〜一二五二年）の時代だった。ところがレコンキスタが成功裏に終わると、もはや彼らは不要になる。権力を強化した国王にとっては、騎士修道会などなくてもよくなったのである。

　だが、いくつかの騎士団は、あいかわらず広大な土地を所有して並々ならぬ経済力を誇るだけでなく、教皇に直属して、王の言うことをあまり聞かないという、王室にとって煙たい存在であった。そこでカトリック両王の時代（アラゴン王フェルナンド二世、在位一四七九〜一五一六年と、カスティリア女王イサベル一世、在位一四七四〜一五〇四年）から、王自身が修道会の総長となることで、組織全体を王権に服させ、骨抜きにしていったのである。

ドイツ騎士団

　先行する二つの聖地の騎士団、聖ヨハネ騎士団とテンプル騎士団を模範にして、ドイツ人諸侯らが上から作ったのが、「ドイツ騎士団」であった。彼らはとくに北東ヨーロッパでの活躍が著しかった。

　しかし起源はやはり聖地にあった。一一八九〜九〇年のアッコン攻城戦時にできた野戦病院が、一二世紀初頭に一人のドイツ人商人とその妻がエルサレムに建てた聖マリア病院を制度的に引き継いだのである。

　ドイツ騎士団は、一一九八年、先行騎士団と同様な会則を採用した。そして時期的には後れをとったものの、神聖ローマ皇帝の後ろ楯を得て、力強く発展していった。修道会が発展軌道に乗ったのは、有能な第四代総長のヘル

ドイツ騎士団のヴュルツブルクの管区。マッテウス・メリアン著『トポグラフィア・フランコニアエ』（1648年）のなかのヴュルツブルク図より。

ドイツ騎士団の「騎士」（上図）と「司祭」。1606年の新会則の写本挿絵より。

ハンス・ヘンネベルガー画のドイツ騎士団の大団長としての、辺境伯アルブレヒト・フォン・ブランデンブルク

マン・フォン・ザルツァ（在位一二一〇〜一二三九年）時代の三〇年間であった。すなわち、その時期にドイツ騎士団は、新たな展開の地、異教徒との戦いの場を、東ヨーロッパに求めるという方針転換を行ったのである。十字軍国家が陥落すると、ドイツ騎士団は最初ヴェネツィア、ついでドイツのマールブルクを本拠地とする。そしてリヴォニア帯剣騎士団の協力を仰ぎ、プロイセンに広大な領地を手に入れることになった。聖ヨハネ騎士団とテンプル騎士団が、聖地を追われて大幅に規模縮小、ないし消滅したのに対し、ドイツ騎士団はプロイセン以東を活動領域とし、自前の国家を建設しようとした。

　その後も彼らは、テンプル騎士団や聖ヨハネ騎士団とは違い、国際的展開をすることはなく、ドイツと密接に結びついて発展していった。王＝皇帝によって、プロイセンの他に、ハンガリー、リヴォニア、トランシルヴァニア盆地へと入植が進められ、辺境地域の防衛に当たった。またハンガリー王、ポーランド王国のマゾフシェ公コンラート（在位一一九七〜一二四七年）から招かれ、異教徒に対する防衛および征服への協力を要請されたこともあった。

　騎士団は教皇直属のはずだが、この騎士団は神聖ローマ皇帝との関係が密接であり、あたかも帝国諸侯のように遇され力を蓄えていった。異教徒改宗の呼び声のもと、領地を増やしていったが、一四一〇年、タンネンベルクの戦いでポーランド＝リトアニア連合軍に大敗を喫したことを機に、ハンザ貿易の衰え、皇帝の援助停止などもあって、弱体化が決定的になり、解体（一五二五年）への道を進んでいく。

　以上、代表的な騎士団について見てきたが、祈りにより神に仕えるべき修道士でありながら、武器を取って異教徒と果敢に戦う騎士修道士というのは、もともと矛盾に満ちた存在であった。それゆえ十字軍が終わるとともに、存在意義が薄れ、消滅するものもあったが、中世を超えて長く生き延びた例もある。また本書最後に述べる恩賞としての勲章を授与された者たちの団体として、騎士団は、形式的存在としては現在もそれなりの役割を果たしているのである。

第三章 儀礼と遊戯の世界

騎士たちは、馬に乗って戦争をするのが本来の「仕事」とはいえ、戦いばかりしていたわけではもちろんない。いやむしろ、戦争などない平和な時期もかなりあったし、主君の戦争に協力する場合でも、従軍義務は、四〇～六〇日にかぎられていた。それでは、ふだん彼らは何をして過ごしていたのだろうか。

城や宮廷での役職を与えられている者はその仕事があったし、また自分の所有する所領経営にも当たらねばならなかったが、若い騎士のなかには、富と女性と冒険を求めて諸国を渡り歩いている者が多かった。

主君のもとに留まっている者にせよ、移動を常としている者にせよ、多くの時間を割いたのが、儀礼と遊戯であった。儀礼には、騎士が騎士になるための儀礼である「騎士叙任式」と封建的主従関係を結ぶ「臣従礼」があり、前者はもちろん生涯一度きりであったが、後者については、複数の主君に仕える家臣もいたから、同一人が何度も行うことがあった。また、自分が主人公となる儀礼の他、仲間の騎士の叙任式や臣従礼にもこぞって参加して雰囲気を盛り上げたから、勢い、儀礼参加の機会は頻繁になった。

また、平時の娯楽――それは、騎士ならではの特権的行為でもあるのだが――には、騎馬槍試合と狩りがあった。そして騎士道が女性的な性格を帯びていく中世後半には、チェスなどの盤上遊戯、サイコロ遊び、言葉遊びなどに現を抜かす柔な騎士も、多く見られるようになった。

騎士叙任式

騎士が正式に騎士になるには、ひとつの「儀礼」を通過しなくてはならなかった。この儀式を通ってこそ、幼い頃から、武術と乗馬を学び、もう自分では一人前だと思っていた楯持ち(écuyer)や若殿(damoiseau)が、正式に騎士になることができた。「騎士叙任式」である。これは通常、一八歳から二〇歳になった若者が対象であり、騎士になるとともに、貴族たちの社会で一人前の「大人」になる、すなわち後見を脱して自分の財産を確認し、完全な法的能力を持つことができるようになることをも意味した。

この儀式は、ゲルマン的な慣習から由来し、もともと多くの貴族が列席して城の広間で行われていたのだが、一二世紀になると、宗教的な色彩がひじょうに濃くなってくる。すでに早くは一一世紀末から、新たな騎士たちが教会の「祭壇から」剣を受け取るようになっていた。祭壇から、しかもかつて

「アウクスブルク射撃競技大会（1509年）」。アウクスブルクで9月に行われたさまざまなスポーツ競技会。徒競走、石投げ、競馬などが見られる。1570年頃の写本より。

新騎士が、福音書に手を置いて騎士道の規則を遵守し、教会を守り、弱者を保護することを誓う（フランス国立図書館所蔵）

のように領主や先輩騎士からではなくて、司教や司祭から祝別された剣を受け取った新騎士は、その剣を、キリスト教会を助け、弱者・寡婦・子供を守るためにのみ、神聖なる目的のためのみに使うことが義務づけられた。

かくて一二世紀のあいだに、キリスト教的なシンボリズムを備えた「身振り」と「言葉」の力によって、特別なキリスト教的任務を負い、神と戦士の守護聖人に守られた集団（騎士身分）の創設を実現する騎士叙任式が現れたのである。

ジョフロワ・ド・シャルニーは、一四世紀にフランス王に仕えた騎士で、ポワティエの戦いで戦死したが、

理想の騎士として称えられた。そして『騎士道の書』という、騎士道の本質と騎士の義務を説いた書物を書いた。そのなかで彼は、特別な儀式に発展した騎士叙任式におけるそれぞれの仕草や衣装の象徴について詳しく記している——騎士叙任候補者はまずすべての罪を告白し、聖体拝領を受けるにふさわしい清い心になるべく、叙任式前夜、身体を洗い罪深い邪悪な生活の汚れから身を清めてから、清潔な白いシーツを敷いた新しいベッドで横になって休む。まもなく先輩騎士たちがそのベッドにやってきて服を着せてくれるが、それも白い新しいリンネルで、汚れのない、罪と無縁な生活をこれから送ることを意味する。ついで同じ騎士たちは、叙任候補者に赤いローブを着せる。それは彼が主への忠誠のため血を流し、聖なる教会の法を擁護することを意味している。それから黒い長靴下が持ってこられるが、これは彼が土から来て土に帰ることの象徴で、彼は死を覚悟すべきであるとされる。つづいて装着される白いガードルは、常に純潔・清潔さに包まれるべきことを意味し、肩に掛けられる赤いマントは、謙譲の印である。

さて、身支度が終わると、候補者は教会に連れて行かれる。そこで彼は徹夜の礼拝をしてこれまでの罪をわびて神に祈る。翌日先輩騎士らは彼をミサに連れて行って奉仕と慈愛において騎士道をまっとうできるように祈る。それが終わると、金色の拍車授与、平和の接吻、剣での肩打ちなどの儀式がつづくのである。

騎士叙任式は、伝統的に教会の祝祭日——クリスマス、復活祭、とくに聖霊降臨祭（ペンテコステ）の祝日——に挙行されることが多かった。それが実施される場＝状況としては、通常、宮廷または教会で、次第に教会が増えていったのだが、教会から離れたところで、一時に大量に、しかもより簡単な形式で遂行されることがあった。すなわち、君主の婚礼、戴冠式、行軍の途中、戦場などで、君主が、より華やかに富と権力を誇示するために行う場合であった。

臣従礼。カッセルでの勝利後、1329年にイングランドのエドワード3世がヴァロワ家のフィリップ6世に臣従礼を行う。『フランス大年代記』の写本挿絵より。（フランス国立図書館所蔵）

だから、正式の騎士叙任式は、中世半ば以降、ますますキリスト教化され、典礼としての比重を重くしていったとはいえ、実際にはそのような叙任式ばかりが行われたわけではなかったのである。またたとえ教会で聖職者の司式による叙任式を受けたとしても、それで騎士たちの自覚が一段と深まって、教会に奉仕しようという気運が高まったというわけでもなかろう。それでも、儀礼を通じて野蛮な戦士たちを「キリストの戦士」へと変貌させようという教会の意図は、洗練された社交・礼儀作法をよしとする盛期中世以降の宮廷文化とマッチして、徐々に成果を上げていった。

臣従礼

もともと騎士というのは貴族のなかに含まれながらもその下層に位置し、自分の資産・権力基盤を持たずに従属的地位にあったのだが、封建制が広まっていくと、騎士と家臣が重なっていくことについては、すでに述べた。

では、そのような「家臣」になるにはどうしたらよいのだろうか。ここにも独特な儀式が介在している。こちらは騎士叙任式とは異なって、なぜか、キリスト教的な色彩はほとんどない。この儀礼が成立したのは一〇世紀末のことで、いわゆる封建制第二期（一一世紀半ば以降）に広まっていった。

臣従礼が行われる舞台は、騎士叙任式と同じく、教会の祭壇前、または領主の城館ホールであった。主君と家臣という当事者の他、証人として多数の観衆が集められた。儀礼は次のような三つの段階から構成されていた。

まず第一段階は、「手の交叉」と呼ばれる身振りである。すなわち家臣は、主君の前に進み出て跪き、主君の両手のなかに自分の両手を差し入れて「あなたの家臣になりたい」と述べるのである。この手の交叉はゲルマン起源で、メロヴィング期にも忠臣の誓いとして必要であった。しかし、封建的な臣従礼においては、ひきつづいて、主君は、そのお返しに、双方の永遠の愛の印として平和の接吻をする、という点が異なっている。まず手のシンボリズムは、包むほうが包まれるほうより優位に立つことを誇示する保護と服従の印であり、これによって主従関係が明示され――つまりこれが臣従礼の中核である託身――、ついで、平等な忠誠を相互に約束する友愛の印である接吻のシンボリズムによって、最初に表明された主従の格差をいささか修復する、平等な誠実関係が明らかにされるのである。

第二段階では、家臣が主君に対し、聖書や聖遺物にかけて忠誠誓約をする。全体としては、教会の影響が明瞭であるが、ここでは、臣従礼にはキリスト教的なモラルの浸透はほとんどない、というべきであろう。

そして最後の第三段階では、主君のほうが家臣に封の授与をすることになる。その際、実際に手渡されるのは、土地・財産の保有権の移行を象徴する多種類の象徴物である。すなわち、土地の授与を示す小枝とかひと塊の土や草、あるいは罰令権の授与を象徴する杖や刀剣などである。

臣従礼というのは、この封の受け取り・交渉・相続・買い取りなどの必要が生じたときにに行われる、という面がある。だから、上下・主従関係とはいっても、これは家臣の主君への絶対的従属を表すのではまったくない。むしろ相互の契約的義務を創り出すための儀礼であった。だからこそ、交叉臣従礼、つまりA、Bという人物がいるとして、ある封土についてはAが主君になりBが家臣、別の封土についてはA、Bの役割が逆転する、ということも起きたのである。他に、相互臣従礼の例もある。こちらは恒久的な平和を樹立したいという望みから行われたものであり、一二世紀のエノー地方、一三世紀のフランドルとノルマンディーで流行した。そもそも臣従礼には「和解」をもたらす役割があり、土地財産・権利を争っている貴族同士が、渡り合い交渉を重ねた末に和解するとき、その手打ちとして行うことがあったのである。

騎馬槍試合

戦争をする機会が減った盛期中世以降、騎士たちの晴れ舞台は、模擬的な戦争、すなわち騎馬槍試合に移った。騎馬槍試合には大きく二つある。集団戦であるトーナメントと、一騎打ちのジュット（ジャウスト）である。最初のトーナメントへの言及は、一一世紀末ないし一二世紀初頭で、一三世紀半ばからは、あらゆる宮廷の集会に、とくに結婚や騎士叙任式と結びついて行われる行事として、広く認められるようになった。イタリアや北フランス、低地地方などでは、王侯のみでなく、都市当局もこの貴族的遊戯を主催した。

これは模擬戦争であるとともに、新たな武器使用技術の練習・披露の場ともなった。目覚ましい活躍をする騎士は、名声が高まり、女性たちの憧れの的になる一方、敗者は捕虜になり、名誉を失うばかりか、馬や武具なども没収されて身代金を払わねばならなかった。

トーナメントが実戦と異なるのは、競技としてのルールがあること、試合進行役であると同時に、記録係でもある紋章官がいること、敵の攻撃を受けないですむ安全地帯が設えられていること、臨席してドレスの袖などをお気に入り騎士に贈って励まし、試合後には賞品を与える貴婦人や、楽師・ジョングルール（大道芸人・吟遊詩人）が場を盛り上げてくれること、などの点であった。とはいえ、危険もけっして少なくはなかった。相手を落馬させることのみが目標で、殺すことは問題外だったが、死者が出ることも稀でなかったし、経済的損失も大きかったからだ。

これはとりわけ北フランスで大人気で、一一七〇～一一八〇年には、二週間に一回、開かれたという。やがてこの人気は、他の地域にも広まり、有名騎士の評判とともに、騎士道とそのイデオロギーをも広めていった。試合開始の合図が下されると、横隊で向き合って整列した両陣営の二列の重装騎兵隊が、まずは長槍を水平に構えて互いに突進してくる。激しく衝突し合い、槍が折れると剣を抜いて戦うのであったが、騎士たちは、攻撃防御における自分個人の武技や馬の操作、仲間との連動の巧みさのチームワークなどとともに、その美徳を周囲に広め知らせようと、できるだけ目立とうとした。勇気と武力、敗者への憐れみ、貴婦人への雅な態度、紋章官・武具師・従者・ジョングルールへの鷹揚さなどが、評価された。

教会は度重なる公会議の決議（一一三九年、一一七九年、一二一五年など）で、トーナメントを憎むべき蛮行として非難し、禁止しようとしたが、破門をちらつかせ、地獄落ちの脅しをかけても、騎士たちにはなかなか聞き入れてもらえなかった。そこで一三一六年、教皇ヨハネス二二世（在位一三一六～一三三四年）はしかたなく、もしこれが十字軍へのよき準備になるなら行っても

ヴァチカンの中庭劇場でのトーナメント。エティエンヌ・デュ・ペラックの銅版画（1565年）。同年の謝肉祭に行われた。

冬と夏のトーナメント。オラウス・マグヌス『北方民族文化誌』、ヴェネツィア・1565年の挿絵より。オラウスは、北方民族についての広範な歴史を書いたが、そのなかで南スウェーデン諸都市で祝われた5月1日の春の祭りを報告している。「冬」と「夏」に導かれた騎士の2集団が互いにトーナメントでまみえるのである。この絵では毛皮を着た「冬」の槍はすでに折れている。

同右写本だが、戦棍（棍棒）トーナメントのシーン。鎧を着込み戦棍トーナメント用ヘルメットを由緒ある貴族の家柄の印として被っている。丸い囲いの前では、ヴィッレハルムが恋人アメリーの従者に手紙を渡している。

トーナメントのシーン。上は、ヴィッレハルムがイスパニア王と決戦して勝利している。下では夕刻の祝宴で、ヴィッレハルムの席は紋章の、青地に銀のユリの楯形で示されている。『オルレアンのヴィッレハルム（ギョーム）』の写本（1441年）より。

よい、としぶしぶ認めたのである。

　二人の騎士による一騎打ち（ジュット、ジャウスト）は、一般に、集団騎馬戦であるトーナメントの前に行われるものだった。馬に跨った二人が互いめがけて猛突進して、長槍を喉または楯の中央にぶち当てて相手を落馬させるのが狙いであった。やはり敗者は武具や馬を取られた。一騎打ちは、どちらが強いかはっきりし、貴婦人に人気が高く、一三世紀以降、トーナメント以上に好まれた。

　当初は激突の危険もある、かなり危ない試技であったが、一三世紀半ば以降には、刀の切れ味をわざと鈍くしたり、槍先を玉や冠型にしたりし、さらに一五世紀になると、試合相手を別レーンに分かつ障壁ができて、危険性を減らした。

　中世末になると、武具装備が高騰し、騎馬槍試合は、よりお金がかかり儀式ばった劇場的なものになっていく。したがって小身貴族には参加が難しく、やがて先祖四代が騎士であることを自慢し得る者たちの閉ざされたエリート・サークルが、祝祭時に行う特権的な遊戯となっていく。

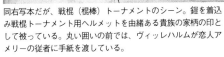

アンジュー伯ルネ（ルネ王）のトーナメントの本の写本（1510頃～1520年）より。
両陣営が、武装し準備万端整えて対峙している。

後期中世ドイツの戦棍と鈍刀トーナメント。「パウル・ヘクトル・マイルのフェンシングの書」の写本（1542年頃）の挿絵より。戦棍を用いた戦いと、その後の鈍刀で相手の兜飾りを狙う戦いの2局面が合わせて描かれている。

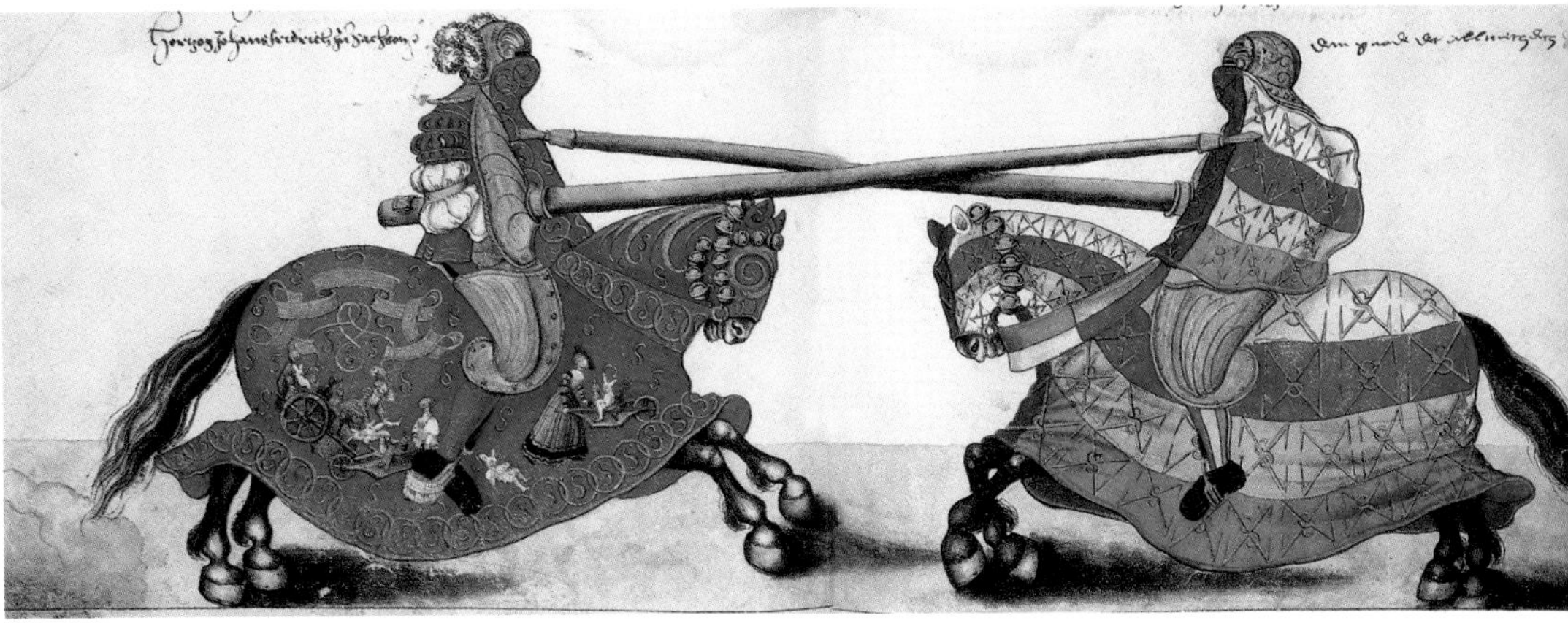

「ザクセンのヨハン・フリードリヒ１世のトーナメントの書」（1535年頃）の写本挿絵より。この写本にはザクセンの選帝侯のヨハン・フリードリヒ（在位1532～1547年）が1521年から1534年に参加した146以上のトーナメントが記録されている。この絵は1527年のゲオルク・フォン・ハルスタルとの対決図である。

ヴァルター・フォン・デア・クリンゲン殿。貴婦人が見守るなかで勇姿を示そうとはりきっている。マネッセ歌謡（1305〜1340年）写本より。

狩り

「狩り」も、騎馬槍試合ともども、平時の貴族＝騎士の大切な活動であり、また貴族身分の特権的遊戯であった。たしかにその獲物が食卓を賑わすこともあったが、量的にはごく僅かでシンボリックなものだし、一種のスポーツといっても、今日的なスポーツとは趣を異にしていた。ましてや騎馬槍試合とは違って、軍事訓練という要素はほとんどなかった。

フランク人はきわめて狩り好きで、カール大帝の狩猟熱は、七一歳の死の直前までつづいた。狩りを貴族（騎士）の独占的行為とし、それ以外の身分の者たちには禁止する法令も、この時代より作られたのである。カロリング朝滅亡後は、伯らが王の権利を奪って自分たちの「御料林」を定め、そのなかでも野獣の狩りや、あるいは野生鳥獣飼育地での兎の猟を独占した。

中世の狩りにはきわめて多くの種類があり、それぞれが、獲物・補助の犬や鷹・捕獲法に応じた独特の儀式とヒエラルキーを備えていた。参加する男たちに主人、従者、猟犬係、勢子といったヒエラルキーと指示体系があるのはもちろんであるが、獲物にもヒエラルキーがあった。もっとも高貴な動物は雄鹿——初期中世には熊だったのだが——であり、ついで猪がつづき、下級の獲物には狐と野兎がいた。そして獣鳥別——鹿、ノロ鹿、ダマ鹿、猪、兎、熊、狼、狐、穴熊、水鳥など——の狩りの手順と人員・猟犬・鷲の準備、犬への諸種の合図、鳥獣の追跡・捕獲法、切り分け方などが、綿密に決められていた。

盛期中世から後期中世には、狩りに関心を示す王侯貴族たちが、狩りの手順や猟犬・鷹の世話の仕方などを示した「狩りの書」をものした。有名なのは、神聖ローマ皇帝フリードリヒ二世（在位一二一五〜一二五〇年）の『鷹狩りの書』であり、また中世末南フランスの大領主フォワ伯ガストン・フェビユス（一三三一〜一三九一年）による『狩りの書』である。前者はラテン語で書

peu long. Et quant les loups ve-
dront pour mengier et ilz seront
entre la charoigne et les hommes.
les hommes se doivent lever et
crier apres le loup et geter bas-
tons apres luy. et le faire ferir
es reyz. et le tuer ou prendre vif
silz veulent. ainsi que plus a
plain est figure yci. Toutesvoyes
sur toutes choses doivent regar-
der le vent. Aucuns getent le-
vriers apres. mais je lay bien
veu retourner. car les levriers
le hastoyent trop.

Cy devise comment on puet traire aux bestes a larbaleste et a larc de main.

Aussi puet on
prendre les
bestes a traire
aux arcs et a
larbaleste et
a larc de mai
que on appelle angloys ou tur-
quoys. Et se le veneur veult
aler traire aux bestes et il veult
avoir arc de main. larc doit
estre dyf ou daultre boys. et doit
avoir de long de lune oulche

弩と弓での鹿狩り。ガストン・フェビュス『狩りの書』写本挿絵（1410年頃）より。

かれ、鳥たちの解剖学的・生理学的特徴を論じる他、猛禽類を狩猟用に飼い慣らす方法を細部にわたって教授している。フランス語の後者は、大の狩りマニアで練達の狩人であったガストンが、その十分な経験と観察をもとに記したもので、まずさまざまな狩猟鳥獣の生活を解説し、その狩り出し、追跡、仕留め、解体などの方法を教えている。また犬、とくにその衛生学と犬小屋についてや、罠や網、他の仕掛けを使っての狩りにも言及している。独創的な注目すべき書物で、大成功を収め、のちの時代への影響も大きかった。

狩りは、基本的に男たちのものだが、女性も兎を棒で叩いて獲ったりしたし、中世末の彩色写本には、鷹狩りに参加する女性の姿も描かれている。狩りへの男たちの出発を見送る集まりや、狩りの獲物を殺して祝杯をあげる宴会などには、女性も加わった。

騎馬槍試合に対してもそうであったが、異教臭芬々たる貴族らの狩りを、当初教会は大いに警戒し異を立てた。

弩での鶴狩り。『健康宝鑑』写本挿絵（14世紀末）より。

2匹のスパニエル犬と共に鷹狩りによってヤマウズラを捕らえようとする。
『モドゥス王とラティオ王妃の書』写本挿絵（1379年）より。

川辺での鷹狩りの図。イタリアの鷹狩り論（15世紀）挿絵より。スパニエル犬が水鳥を獲ろうとしている。上方では鷹が鷺を攻撃しており、グレーハウンドがすぐに協力しようと身構える。

しかし一二世紀を境に、より穏やかな形態に馴致して容認するようになる。たとえば異教の臭いが強い熊狩りを非難し、かわりに鹿狩りを高貴なる狩りとして称揚する、というようにしてである。

コラム 2

騎士姿のジャンヌ・ダルク

　戦争は男の世界である。だから当然、騎士は男にかぎられる。戦時に女にできることといえば、主人の留守を守り、子供の世話をし、使用人に適切に指示を出し、また農民の不満を抑えながらしっかり所領管理することだろう。第一回十字軍の記録には、同行した女性が、十字軍兵士らの戦いを大きな声で応援したり、水を汲んでくるなどして手伝う模様が伝えられているが、これは例外であろう。ギリシャ神話に登場する女戦士アマゾン（アマゾネス）が恐怖と好奇に満ちた耳目を集めたのは、黒海沿岸からカフカス、スキュティア辺を住処とするこの勇猛無比な女戦士が、男の技たる戦争と狩猟にもっぱら携わり、騎馬に優れ、弓・槍・斧などの武器の使用も巧みであるという、あるまじき男勝りの役割を担っていたからに違いない。もちろん貴婦人が雌馬に乗って旅をすることはあり、女性が馬に乗らなかったというわけではないが。

　ところが、百年戦争の終盤、男たちに交じって敵陣に攻め入る一人の娘が現れた。ジャンヌ・ダルクである。彼女は、素朴な農家の娘であったが、神の啓示を受け、ブルゴーニュ公家と結託して北フランスを支配するイングランド勢力からフランスを救おうと立ち上がる。彼女は、一四二九年二月シノンで王太子に謁見した後、オルレアン市を解放するためにその町へと向かっ

「騎士になった女羊飼い」。「ジャンヌ・ダルク裁判記録」の写本挿絵より。サン・ヴィクトル修道院長ニケーズ・ド・ロルム（1488～1514年）のためにコピーしたもの。羊飼い杖は矛槍に、糸巻き棒は剣に替わっている。右側の森はドンレミ村の妖精の森で、ジャンヌが右手で指している城は、王国の象徴か。

アントワーヌ・デュフールの『著名婦人伝』（1505年頃）のなかからとられた勇猛なジャンヌ。征服した都市に凱旋入城する様子。白馬に跨り豪華な甲冑をまとった姿は、16世紀のジャンヌ像に特徴的。

ジャンヌが娼婦とその相手の男たちを剣を振りかざして追い出している。マルシャル・ドーヴェルニュの「夜警」（1484年）からとられた彩飾写本。

「ジャンヌの死」同上の彩飾写本より。聖ジョージの赤十字の印を付けたイングランド兵によって火刑台の柱に縛りつけられている。

た。そして肩に矢を受けながらも乱戦の先頭に立って、イングランド軍との攻防の的となっていた橋頭堡トゥーレルを奪回したのである。五月八日、ついにイングランド兵は包囲を解いて撤退した。ジャンヌはまもなく王太子をランス遠征へと導き、そこで戴冠式を挙行させて、正式の王位に就けさせたのである。

　この救国の乙女ジャンヌ・ダルクは、自ら馬に乗り、騎士たちの先頭に立って戦った。年代記作者の伝えるところによると、彼女は鎖帷子に甲冑を着込み、さらにその上に、朱色の地に金糸銀糸を目もあやに織り込んだ短いマントを羽織り、さらに長剣に短刀、槍も携えて、あるいは白馬にあるいは葦毛の馬に乗って、威風堂々と進軍した。そして兵士のなかでももっとも勇敢に戦ったということである。一四三〇年ブルゴーニュ公配下の部将の手の者により捕虜となり、イングランド側によって異端審問にかけられた。一四三一年の一月～五月のことである。結局、異端と宣告されて火刑にされるが、その異端嫌疑の大きな要素は、彼女が「男装」していたことなのである。

第四章 騎士道

騎士道という言葉は、騎士のいなくなった今日でもときどき使われる。とくに「騎士道精神」は、任侠の西洋版として肯定的に評価されている。騎士道精神を体現した男というのは、スマートな紳士で、勇気と正義感に溢れ、女性や弱者への思いやりに満ちた行動を進んでとる人のことであろう。だが中世においては、騎士道精神の内実は、時期により大きく移り変わり、流動的で捉えがたいこともたしかである。それは、歴史の過程で、もろもろの行動様式、美徳が、騎士道の名のもとに積み重なっていったためだと考えられよう。

騎士の美徳とは何か

騎士たちが誕生し、自分たちの集団・団体としての意識が高まると、その礼儀作法、立ち居振る舞いを規範化しようとする。そしてそれがいくつかの「美徳」としてまとめられていくことになる。そのうちあるものは、ゲルマン時代以来の、男社会——首長を戴く平等な朋輩同士の社会——の徳義を受け継いでいた。

まず、騎士は強くて敵を打倒する力がなければ存在価値がないので、「勇猛」が騎士道の徳の随一であった。その他の美徳は、勇猛の後に、それをより輝かすために付いてくる、という案配である。

そのような二次的な美徳で重要なものには、「忠誠」がある。騎士は個人の存在でなく、集団の存在であり、また主君に仕える存在であったから、この美徳は大切なのである。次に「大度」、具体的には、気前のよい贈り物である。この美徳が徳目として上昇したのは、一二世紀のジョングルールらが、庇護者に仕えながら、その気前よさを褒めそやした、という原因もあった。イングランドのエドワード三世（在位一三二七～一三七七年）の長男エドワード黒太子（一三三〇～一三七六年）は、吟遊詩人、騎士、配下の領主とその兄弟、婦人に、金銀の盃、馬、多数の鷹の頭覆い、拍車、現金を配ったという帳簿の記録があり、大層な「大度」の持ち主だと賛美された。

以上はゲルマンの戦士にも共通だったが、盛期中世に、宮廷生活で男女の貴人がうまくやっていくために作られた美徳の集合体が、「宮廷風礼節」である。そこにはいろいろな内容があるが、ひとつには、騎士の仲間として行動し、会話や社交に礼儀をもって臨むこと、もうひとつは、婦人への思いやり、礼儀正しい振る舞い、奉仕である。一一五〇年くらいから、騎士道は恋愛の次元を持つようになり、抒情詩人である南フランスのトゥルバドゥールや北フランスのトゥルヴェールがさかんに男女の愛を歌った。それから「率直さ」――自由で率直な態度で、由緒正しい生まれと美徳が組み合わさっているという目に見える証拠となる――も、総合的な徳目といってよいだろう。

　これらすべての美徳は、名声・栄誉をもたらしてくれる。そして反対に、以上の美徳を欠く者は、不名誉の人として軽蔑され、恥をかくことになる。しかも平素、集団のなかに生活している騎士たちが、美徳を欠いて恥を感じると、その集団には居たたまれないという状況に陥る。

16世紀の宴会図。混乱している。騎士たる者は礼儀作法の一環として、テーブル・マナーも心得ているべきだったのだが。「宴会・料理の構成」（1549年）より。

　騎士道の美徳、なかでも忠誠・礼節・慈愛・寛容などには、キリスト教的観念の影響がしばしば見られる。しかしたとえば、教会が期待するような貧乏人や弱者、教会・聖職者の保護などのシーンが、クレチャン・ド・トロワなどの宮廷風物語にまったく出てこない――貴婦人、乙女、寡婦ら女性への援助はしばしば登場するが――のは、こうした振る舞いが、文学でも現実でも、騎士たちの歓心を引かなかったからだろう。

　一二～一三世紀以降、騎士は西洋中で輝くが、それは、詩人・作家によってその理想イメージ、騎士道精神が彫琢されたときでもある。そして、騎士たちが、現実社会での存在感を弱めていった中世末から近代にかけても、これは礼節の、あるべき社会人のモデルとして受け継がれ、ブルジョワたちにまで影響を与えていくことになる。

騎士の育成

　では、騎士は実際、どのように身心を鍛え技術や知識を学んで、一人前になれたのだろうか。つまり子供への騎士教育はどのように行われたのだろうか。これについては、史料も少なくわからないことも多いのだが、およそ次のように進展したと考えられる。

一一～一二世紀には、王侯貴族のあいだでは、自分の息子が七歳になると、親戚、通常母方の伯父（社会的身分が高いのが普通）へと送り込んで教育、訓練をしてもらい、武器を受け取る年齢まで居候させてもらう慣例があった。そして、その子供が一八～二〇歳頃になると、伯父か、あるいは他の人物によって、楯持ちから騎士になるために叙任してもらうのであった。

より一般には、次のような集団的な教育法もあったようだ。すなわち、多くの領主は騎士の一団を家に抱えており、これらの騎士たちがまた、若者を訓練する役割を担ったのである。騎士になろうとする子供たちは、そうした屋敷に共に住んで、そこで修行をしたのである。

一人前の騎士＝戦士になるための訓練は、日々、一歩一歩積み重ねなくてはならなかった。まず最初は、小僧として廐を清掃し使い走りなどもする。次に小姓として馬の世話をしつつ城の貴婦人に仕えたり、同年代の少年たちと共に馬術訓練や槍・楯の扱いを学ん

川辺での狩りへの出発。先頭では一人の従者が２羽の頭巾を被せられた鷹と長いシャソワールを持って一行を先導している。彼は後ろを振り向き、主人からの指示を待っている。「ベリー公のいとも豪華なる時禱書」（1410～1416年）より。

若い息子に説教する老いた父。息子はボーッとしている。高さの差で父子の世代間のヒエラルキーの差を示す。「父子の対話」フランス、14世紀写本より。（フランス国立図書館所蔵）

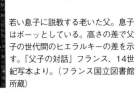

『衣装の書』。ドイツ、16世紀。騎士希望者は、7～8歳で小姓となって家事・雑用をこなしながら、初歩的な武術訓練を受けねばならなかった。マテウスは、7歳で皇帝マクシミリアン1世の道化の小姓に任命される。不愉快な老いぼれの主人であったが、3週間彼に仕えた。カーニヴァル旗を持ち、その旗の絵は主人が糞に鼻を突っ込んだ豚みたいな存在であることを示す。(フランス国立図書館所蔵)

射的訓練する貴族。戦士になるために不可欠だった。15世紀写本より。(フランス国立図書館所蔵)

だり、犬や鷹などを使った狩りの仕方を学んだりした。最後に一四歳頃になると、楯持ち（従騎士）としてトーナメントや戦争で主人の騎士の身の回りの世話をしたり、甲冑や武器の持ち運びや修理を担当した。

もちろん、武芸の訓練と並んで宮廷作法を習い、騎士道精神を身につけて

楯持ち（バイユー・タペストリーより）

過保護だった子供期の後、若いペルスヴァルは騎士（道）の世界を発見し、母に別れを告げる。『ペルスヴァル物語』。14世紀。（フランス国立図書館所蔵写本より）

厩舎の前で乗馬の訓練をする若者。裸馬に乗ることを学ばねばならない。15世紀写本より。（フランス国立図書館所蔵）

いった。奉仕の精神、施与を惜しまぬ気前よさと節度を守った出費、仲間の間での正しい振る舞い方、婦人への接し方などを学んでいった。また読み書きや外国語の素養、竪琴やヴィオラなどの楽器演奏を学ぶ高位の者もいた。

宮廷風恋愛

騎士の美徳には宮廷風礼節がある、と述べたが、貴婦人を愛し奉仕してこそ、騎士は完徳に達せられる、美徳が完成する、という考えを広めようとしたのは、まず、フランスのトゥルバドゥールやトゥルヴェールたちやドイツのミンネゼンガーらであった。貴婦人に思いを寄せるからこそ、勇猛になれるのだ、というわけで、ここに女性崇拝が勇猛と結びついたのである。

トゥルバドゥールら抒情詩人の後には、宮廷風ロマンを通じて、宮廷風恋愛、そして宮廷風礼節の価値体系ができあがっていった。これは、男女関係ばかりか、より広い社会関係の理想であるとともに、個人の完成・完徳を目指すものでもあった。

宮廷風恋愛（精微の愛《フィナモール》）とは、女性への敬意と、人間愛そのものへの価値の認識、それが霊的向上の助けになるとの考えである。それは、この世の現実を離れた神秘的愛とも違うし、生理的欲望を満たすだけの野蛮な男たちの荒々しい愛とも異なり、肉体を基体にしつつも、優美で抑制された、礼儀に適った愛の作法である。

ある婦人がガウェイン卿を誘惑する。「ガウェイン卿と緑の騎士」の写本より。（大英図書館所蔵）

そこでは、女性は願望の対象だが、所有の対象ではない。ゆえに、結婚に結びついた束縛を免れている。男にとっては、この愛に従うには、自己否定、服従、克己などの美徳を持たねばならない。完全な愛を追求する男は、夫とは対極にある存在であり、他方、愛される女性の究極は、遠くにいる存在である。愛する男はその遠隔を嘆きつつ、貴婦人の善き資質を歌うのである。

宮廷風恋愛は、既婚の貴婦人に対する姦通恋愛であるゆえに、そう容易には成就し得ないことを本質とする愛である。したがって、恋人と貴婦人とのあいだには、ひじょうに大きな距離がある。それは実際上の空間的距離、トゥルバドゥールのジョフレ・リュデルの「遥かなる愛」――見たこともなく地理的にも遠い――として表出されることもあるけれども、より一般的には、典型例をベルナール・ド・ヴァンタドゥールの詩などに見る心的な距離である。待ち遠しさ、近づきがたさ、心許なさ……などは、トゥルバドゥールの抒情詩に、それぞれの詩人の流儀で、言葉を連ねて執拗に表現されている。

この距離が縮まるとき、貴婦人と騎士とが近づくときに、「悦び」が生まれるのである。

トゥルバドゥールの歌う「愛」は、領主の夫人に対する下賤の騎士や小姓の愛という、身分的上下関係にある者のあいだの愛で、けっして対等というわけではない。すなわち社会的「距離」もそこにはある。ゆえに、騎士は奥方に絶対服従し、崇拝する奥方から求められる奉仕を何でもしなくてはならない。貴婦人たちの要求レベルは高く、軍事的名声はもとより、貴婦人たる自分に見合った資質を求めた。貴婦人を愛する騎士たる者、いつも凜々しく清潔で、豪華だがさっぱりとした衣服をまとい、陽気で楽しい話題にこと欠かず、当意即妙に返答し、誰にでも親切丁寧、とくに女性の前では荒っぽい口を利いたり口論をしてはならない。不実はむろんのこと、傲慢であってもならず、大ぼらを吹いてもいけない。貴婦人の趣味に適う趣味人であるべきであり、歌を歌ったり楽器伴奏もしてほしい……。

こうしてみると、宮廷風恋愛を実践する騎士は、実に大変な思いをしなくてはならないようだが、これこそ、いわば騎士たちの美徳体得の仕上げなのである。それはたんに女性を愛する男としてのみではなく、人間としての仕上げなのである。

王様の騎士道

王はその定義からして、騎士ではあるまい。王は自分を騎士身分と同一視することはない。というのも、王はつねに至上の主君であり、主君に仕える家臣ではないのだ。しかし騎士道が発展すると、武勇に秀で、徳性も輝く優れた騎士のイメージは、王にとっても魅力であった。それどころか、王のなかには、随一の騎士とみなされたいと思う者も現れた。

『愛のチェスの書』の15世紀の写本挿絵より。宮廷風恋愛は、快楽ではなく美徳を追求する愛の作法だった。主人公がウェヌスの助言に従って、「デデュイの庭」に行く途中、森のなかで女神ディアナに出会う。ディアナはこの世に忠誠、正義、貞潔、信徳などの美徳が失われてしまったことを嘆き、ウェヌスのせいで皆、官能の悦びを求めて、危険な「デデュイの庭」に行きたがることを憂える。

イングランド王ヘンリ２世は、同時にアンジュー伯、ノルマンディー公、アキテーヌ公でもあった。この印璽は、王ではなく騎士姿で表されている。（フランス国立古文書館所蔵）

リチャード獅子心王の印璽。父ヘンリのものに比べ、兜が完成されている点に注目。（フランス国立古文書館所蔵）

estoit des anciens baillee. C'est assa
voir que nous devons entendre
par pluto la terre quant a dire
quelle est en sor tenebreuse et obscure
en sa parfondite en la comparoi
son des aultres elemens qui
tous sont clers et lumineux. On
nous pouons se nous voulons
entendre par pluto la vertu qui
la terre gouverne soit divine ou
soit aultre. Pource doncq
que la terre est le plus loing
du ciel de tous les elemens et
plus contraire a sa noble natu
re lumineuse pour laquelle
cause les anchiens mettoient
enfer estre en la terre pour ce
appelloient ilz pluto le dieu
denfer. Le palus doncq
de pluto cest la terre qui est
noire et obscure. Et la maison
denfer doncques selon les an
chiens en laquelle pluto siet en
son trosne sulphureux et puant
accompaignie comme il fu dit
devant de cerberus le chien
monstrueulx et terrible. Et
des foursenneees et des aultres
deesses infernaulx duquel palais
horrible et de ces circonstances
nous avons pardevant parle
plus longhement selon lima
gination des anchiens poettes.

Comment apres ces choses
dyanne se parti de lacteur lequel
print son chemin a aller au
vergier de deduit.
Quant dyanne
se fu partie de
lacteur dessusdit
et quelle le eust
reprins de sa
follie comme il faint en son livre
dyane. Il laissa la forest ou
dyanne converse et transuersa
tout oultre en poursieuvant la
voye et son chemin le plus droit
quil povoit ou vergier disne.
Et finablement fist tant que
il vint asses pres et quil en vidt
les murs et les creteaux. Et
lors coute il touttes les circonstaces
du beau lieu et de touttes ses.

同じく『愛のチェスの書』より。主人公は「デデュイの庭」の一画を占めるウェヌスの優美で快楽のつまった庭の前で、門番たるオワズーズに出会う。

　そもそも、盛期中世以降、教会が期待する国王の責務と、騎士の責務はほとんど違わなかった。たとえば、一二世紀初頭、年代記作者フラヴィニーのユーグは次のようにその国王権力概念を述べる。「神の民を治め、その民を正義と衡平のなかに導く、教会の擁護者にして孤児と寡婦の保護者、寄る辺のない弱者・貧者を権力者から解放すること」。中世、とくに十字軍時代には、これとほとんど同じ言葉で、聖なる騎士倫理は語られてきたのではなかったか。実は、騎士の擡頭と王権の新たな伸張は同時に起き、両者は、制度的にも、倫理の上でも、互いに浸透し、支え合っていたのである。すでに述べたように、騎士身分は、一二～一三世紀には中小貴族やミニステリアーレスから大貴族をも包含するようになり、換言すれば、騎士は貴族と同義になった。こうした騎士概念の高貴化が起きたゆえ、その高貴なる集団の頂点に王を戴くのは、騎士たちにとってはもちろん、王としても抵抗が少なくなったのだろう。

　もうひとつ、やはりおよそ一一世紀末頃から、王を取り巻く宮廷人には、聖界関係者が減り、主立った貴族、城主たちが多く参入するようになるが、そのような状況下で、王は封建制を利用して政治秩序を安定させ、自己の地位を実質的にも上昇させようとし始める。そして王が、公伯・城主とその騎士たちに軍事的および行政的援助を頼んで親しく付き合うようになると、王室にもますます騎士的エートスが広まり、自身、騎士たちの仲間として振る舞うようになるというわけだ。騎士道を掲げ、騎士道物語の主人公を気取って悦ぶようになる王子や国王……。

具体的に騎士道に夢中になった王様の例を挙げてみよう。獅子心王として知られるイングランドのリチャード一世（在位一一八九～一一九九年）は、騎士王の模範として畏敬されていたし、父のヘンリ二世（在位一一五四～一一八九年）は、中世きっての有名な騎士、トーナメントの猛者として恐れられ尊敬されたイングランドの貴族ウィリアム・マーシャルに、息子であるヘンリ若王の騎士道教育を託した。また、王子をはじめとする王族にも、トーナメントで勇名を馳せたいと思う者は多かった。ウィリアム・マーシャルの薫陶を得た王子ヘンリは、一一八〇年、フランスまで遠征し、ラニー＝シュル＝マルヌの大規模なトーナメントに、自らの騎兵隊所属の二〇〇人の騎士を引き連れて参加した。ブルターニュ公やブルボン公などの親王も、大のトーナメント好きだったとされる。

もっともトーナメントが盛んであったフランスで、フィリップ二世（在位一一八〇～一二二三年）は自分の子息に対してトーナメント参加を禁止したが、これは死傷者が出ることの稀でない危険な遊戯に子息が参加して怪我をすることを案じたからであり、逆にいえば、いかに王族にも騎士道熱が広まっていたかを示していよう。中世末には、自身のまわりに世俗騎士団を作る国王も少なくなかったのである。

コラム 3

理想の騎士——ウィリアム・マーシャル

ウィリアム・マーシャル（一一四六頃～一二一九年）、フランスではギョーム・ル・マレシャルとして知られる理想の騎士である。父ジョンは、一一四〇年代にスティーヴン王（在位一一三五～一一五四年）と闘争したマティルダの支持者であり、そのためプランタジネット家ともコネクションを持っていた。ウィリアム・マーシャル母方の従兄弟でノルマンディーの侍従（長）であったタンカーヴィル伯ウィリアムのもとで騎士の修行を積んだ。そこで最初にトーナメントと戦争の経験を積

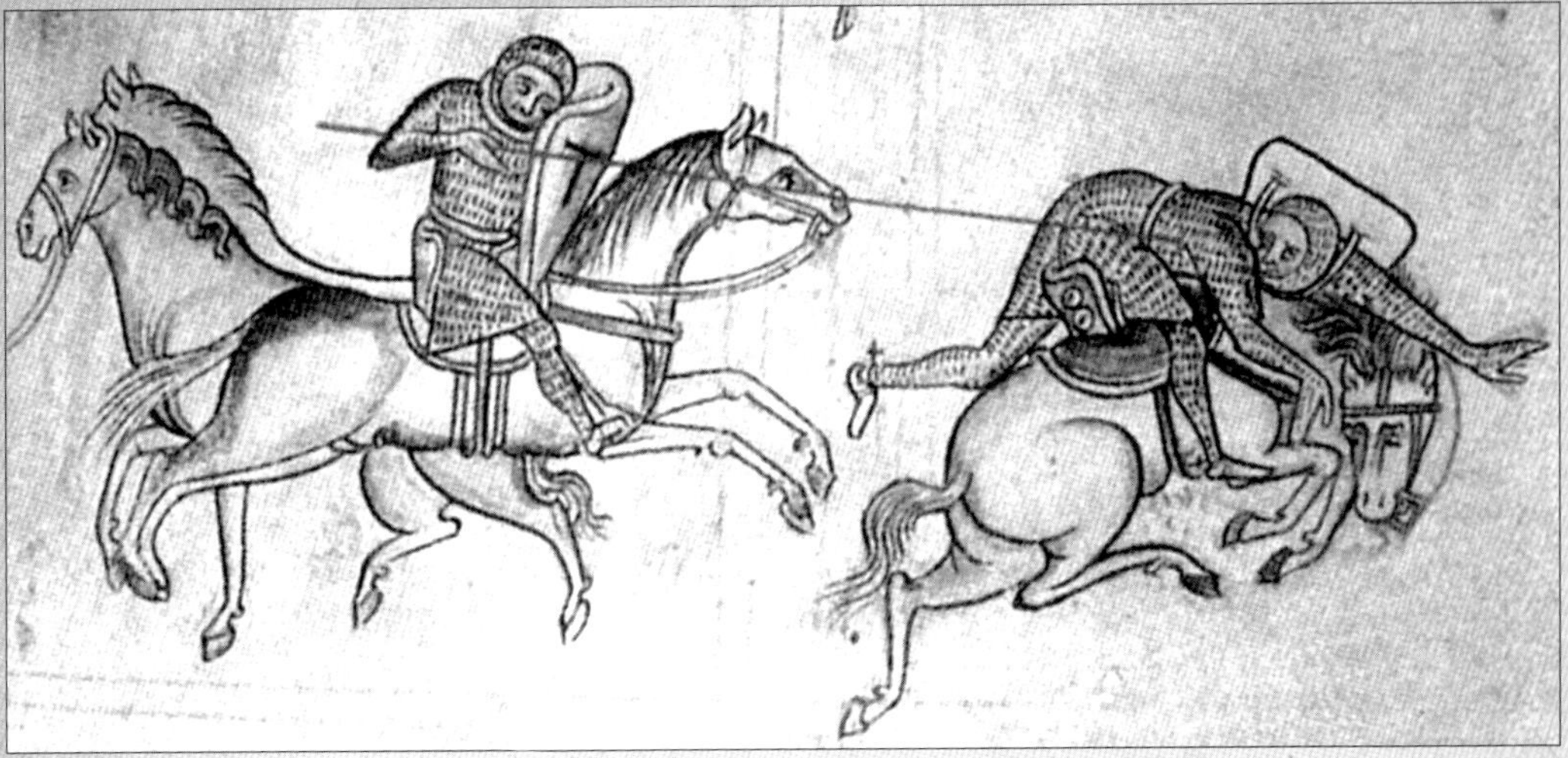

ウィリアム・マーシャルがボードゥアン・ド・ギーヌを馬から落とす。マシュー・パリス『大年代記』の写本挿絵より。

んだのだった。ついで母方の叔父のソールズベリ伯パトリックのもとで奉仕することになった。早くから頭角を現し、アリエノール・ダキテーヌを勇敢に守り、彼が随行していた彼女の隊列がリュジニャンの領主に攻撃されたときに雄々しく戦ったが、叔父はこの衝突で命を落とした。

　彼は、おそらくアリエノールから夫ヘンリ二世への推挽があったのだろう、ヘンリ若王（一一五五～一一八三年）の教育を任された。一一七三～一一七四年には、若王の父王への反乱に従った。その後何年ものあいだ、彼は若王のまわりに集った騎士たちを率いた一団を作って、北フランスの各地をトーナメントからトーナメントへと渡り歩いた。そうして騎士としてばかりか軍事的リーダー、政治的忠告者としても名声を博した。若王の死後は二年間十字軍に参加、そこでテンプル騎士団に加わる。一一八七年に帰国してヘンリ二世の宮廷に入った。ヘンリ二世によってランカシャーの封土などを与えられたが、それ以上に、彼はリチャード・フィッツ・ギルバート・オブ・クレアの女子相続人たるクレアとの結婚を許されたことで、莫大な土地を所有することになった。その後、彼は常にリチャード王（在位一一八九～一一九九年）と次のジョン王（在位一一九九～一二一六年）のもとで行政・軍事の中心にいつづけ、フランス軍と勇敢に戦った。そして七〇歳の彼はイングランドの摂政として、一二一七年五月二〇日、リンカンの戦いでフランス軍を撃破した。その戦いで彼はペルシュ伯のトマを殺した。

　この偉大な騎士は一二一九年五月一四日に他界したが、生涯参加したさまざまなトーナメントで五〇〇人以上の騎士を捕虜にした、と鼻高々誇ることができるほどの、トーナメントの名手であった。その訃報を聞いたフランス王フィリップ二世（在位一一八〇～一二二三年）は、この「世界一の名騎士」であった恐るべき敵の霊に捧げるべく、宮廷の騎士たちに祝杯を挙げるよう求めたという。アングロ・ノルマン語の一三世紀半ばの作品「ギョーム・ル・マレシャル物語」は、世界一の名騎士ギョームの韻文の伝記であり、息子の依頼で作られた。

第五章 武器と甲冑

中世は、攻撃・防御共に、武器がひじょうに進化し、分化した時代である。騎士たちは、どんな武器を持って戦ったのだろうか。メロヴィング時代より、騎士たちは、弓、弩《いしゆみ》、長剣、投げ槍、（普通の）槍、戦斧などの攻撃用武器、防具としては、鎧・兜、留め金付きマント、楯などを用いた。具体的に何を使うかは、相手の武器・防具との関係、戦術や馬の能力、また相手の身体のどこをどのように攻撃するのか……でも違ってきた。

騎士たちの活躍華やかなりし時代にはもちろん、彼らの時代が斜陽に陥り、代わりに歩兵たちが活躍するようになっても、そして城が堅固に築城され、大砲などの火器が出現し、騎士たちの剣や槍が無力になっても、騎士たちは、剣や槍など、熟練と勇気がその扱いに直接反映する武器にこだわりつづけた。それは、彼らが追求したのが、まさに「騎士道」だったからだろう。

それでは、代表的な武器と甲冑の変遷を見ていこう。

卑怯な弓

もともと狩りでのみ使われていた弓を、軍事的に重要な武器のひとつとしたのは、フランク人であった。そしてそれは、ステップの民、アヴァール人らとの戦争を契機に改良された。カール大帝（在位七六八～八一四年）は弓の戦略的意義を強調し、兵士は槍ばかりか弓も持つべきだと定めたが、すぐには普及しなかった。しかしその後、ノルマン人と接触するなかで弓の使用が一般化する。ノルマン人が弓の名手であったからだ。

ノルマン人によるパリ攻城（八八五年一一月二六日）の様子を描いた年代記作者アボは、「ノルマン人たちから放たれた石と矢の恐るべき雨嵐は、蜜蜂の群れと同じほど稠密に大気を横切った」と述べている。この弓はかなり太い木製の弓で、最長六〇～六五センチ、真っ直ぐで矢をつがえて引くにはかなり堅いものだった。

ヨーロッパの武器のうちで弓以上に効果的であり、重要であったと思われるのは、「弩」だった。弩とは、普通の弓と異なって、右足で弓をしっかり地面に固定しながら、その中央部にこれと直角に装着した射軸上に、射手のベルトに結び付けられた「鉤爪」を使って弦を引き絞り、端の留め金にかける。それから弓を水平に構えて、射軸上に据えた矢を発射する仕組みだった。これは、初期中世からあったが、紀元一〇〇〇年を過ぎるとそれへの言及がますます頻繁になり、ヨーロッパ中に広まったことが窺える。

ところが、弓も弩も、騎士にとって

弓の訓練。「ラットレル詩篇集」（1335〜1340年頃）。（大英図書館所蔵）

は、自分たちにふさわしくはなく、どちらかといえば歩兵の武器だとみなされた。むしろ自分たちの軍事的優位を脅かしかねないこれらの武器は、かならずしもありがたいものではなかった。そして、騎士たちの戦いの倫理においては、品位に欠ける平民の武器である飛び道具を用いるのは、卑劣なやり口であり、さらに平民が広くその武器を持てば、危険であって秩序を覆しかねないとも考えられた。

そこで早くも一一世紀末には、権力者らは、その使用を禁じようとし、これに賛同する著作家は、飛び道具を卑怯な武器として、しきりに馬鹿にし愚弄することとなった。また、一一三九

弓と弩。「ラットレル詩篇集」（1335〜1340年頃）。（大英図書館所蔵）

弓の練習。16世紀の写本より。（フランス国立図書館所蔵）

戦闘図。ジャン・ド・ワヴラン『イングランド年代記』（15世紀末）。（大英図書館所蔵）

年の第二回ラテラノ公会議では、弓や弩の使用は神に憎まれる業であるので、それをキリスト教徒に向けて使わないように決議し、同じ禁令を教皇インノケンティウス三世（在位一一九八～一二一六年）ものちに繰り返したが、無駄だった。

かくして一三世紀には、ヨーロッパ全域に弩の使用が広まることになる。そして戦いで実用され、しかも大変効果的だった。弩の普及は、貴族の傍らに平民の軍隊が増えたことと関係する。

皇帝マクシミリアン１世（在位1493～1519年）の武器庫のカタログ。16世紀初頭の版画。

都市も弩部隊を雇い、その兵士を市民から調達した。傭兵の多くも弩隊であった。ジェノヴァの弩傭兵隊は、とくに有名であった。

だが、中世末に「長弓」が活躍するようになると、弩の命運は尽きることとなる。百年戦争のクレシーの戦い（一三四六年）で、イングランド軍の長弓隊にフランス軍が敗北したのは、象徴的である。

騎士ウルリヒ・フォン・フスの墓碑。ウルリヒはイーゼンハイムの領主でコルマールで1344年に死んだ。甲冑を着込み、脇に剣と手袋を置いた騎士姿のまま復活を待っている。

剣と槍

騎士たちが、これこそは騎士にふさわしい武器としたのは「剣」と「槍」であった。いずれも肌身離さず所持し、タイミングをはかって相手に斬りかかり、あるいは突く武具であり、弓や投げ槍のような、遠くに飛ばす飛び道具ではなかった。

騎士とは理想の存在であり、その男のなかの男は、「理想の戦い」をすべきであった。だから武器においても、卑怯な武器はけっして使うべきではなかった。騎士の身体と一体化した武器こそ、「剣」であった。神に見守られ、教会と弱者を守る使命を負った騎士が常に携えている剣は、「正義の剣」なのであった。国王の権標のひとつに剣があるのは、だから当然である。

騎士たる者は、可能なかぎり長期間それを所持しつづけ、できれば息子に、孫にと、代々伝えていきたいと希望していた。自身の分身であり仲間である剣は、騎士叙任式のときに、名前を付けられた。たとえば、有名なところでは、アーサー王の「エクスカリバー」、カール大帝の「ジョワイユーズ」などが知られている。

ヨーロッパでは、メロヴィング期から剣——両刃の比較的長いものか、短いものか、片刃のものかなどさまざま——を駆使していたが、カロリング期に合金技術が改良されて、鋼鉄を作る技術が進化すると、より長い剣を製造することが可能になった。一般にヨーロッパの剣は、柄、柄頭、刃からなる十字架形に作られた。長さはまちまちだが、盛期中世においてもっとも通常の剣は「ノルマン人の剣」で、長さ約一メートル、重さ約二キロ、刃の幅は七～九センチの幅広のものだった。一二世紀までは、とくに切る武器として使われ、突く武器ではなかった。その後一三世紀半ばには、二種類の剣ができ、ひとつは切るための軽い刃の剣で、もうひとつは、重い刃だが、より短くて突くためのものだった。通常騎士は両方を携えた。

騎士にふさわしい今ひとつの武器は、「槍」であった。初期の戦い方は、歩兵と大差なかった。つまり槍を使うに

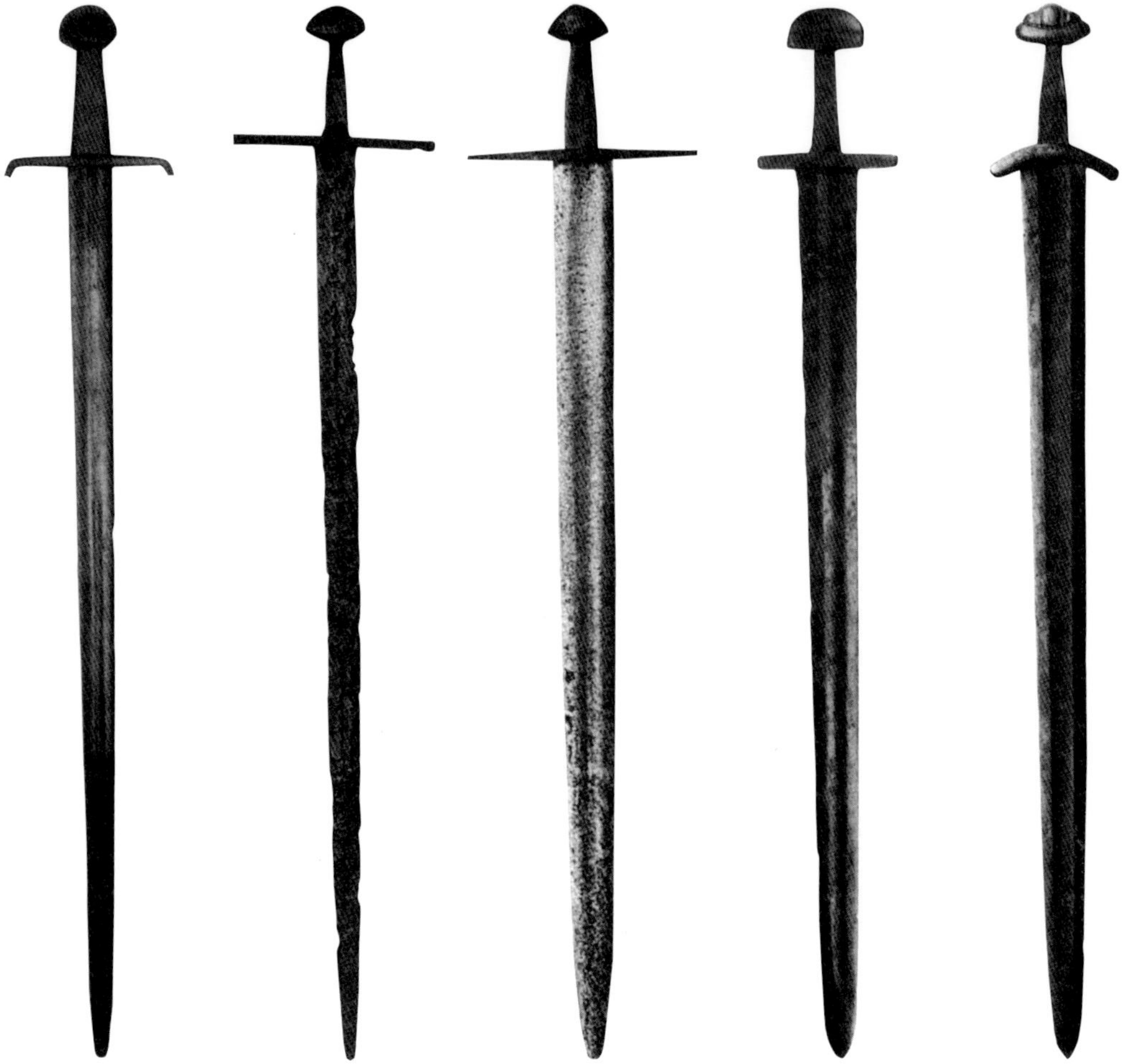

ウィーンの聖マウリティウスの剣で帝国の戴冠用の剣、1200年頃

12世紀後半の剣

950年頃、鉄の象眼模様が一方の側面に付いている

ヴァイキングの剣、950年頃

ヴァイキングの剣、900年頃、鉄の象眼を施した刀身

しても、投げ槍として標的めがけて投げつけるか、または接近戦で剣と同じように突くようにして使うか、あるいは倒した相手を上から銛《もり》で投げ刺すように、止めを刺すべく使用していた。こうした使い方には、軽い槍が必要で、だいたい中央の重心部を持って使われた。

　しかし、一一世紀後半から馬上の騎士は、衝撃を受け止められる木材、すなわちトネリコ、クマシデ、リンゴ、モミなどを使った重く長い槍を水平方向に固定して持つことを始めた。ノルマン人がもっとも早くこの方式を採用し、これが一二世紀初頭にはヨーロッパ中に広まる。

　もう少し詳しく説明しよう。この重く長い槍は、一旦腕の下に抱え前腕に沿って水平に固定させるや脇腹に押さえつけてしっかり動かないようにする。ときに左手でも右手の数センチ前を、補助的に支えることがあった。そして馬に拍車を入れ、あとは馬のなすに任せる。これが効果的だった。槍の長さは約三メートルもあり、重さは二～五キロであった。重心よりずっと後ろの部分を右手で持ち、敵めがけて伸ばす

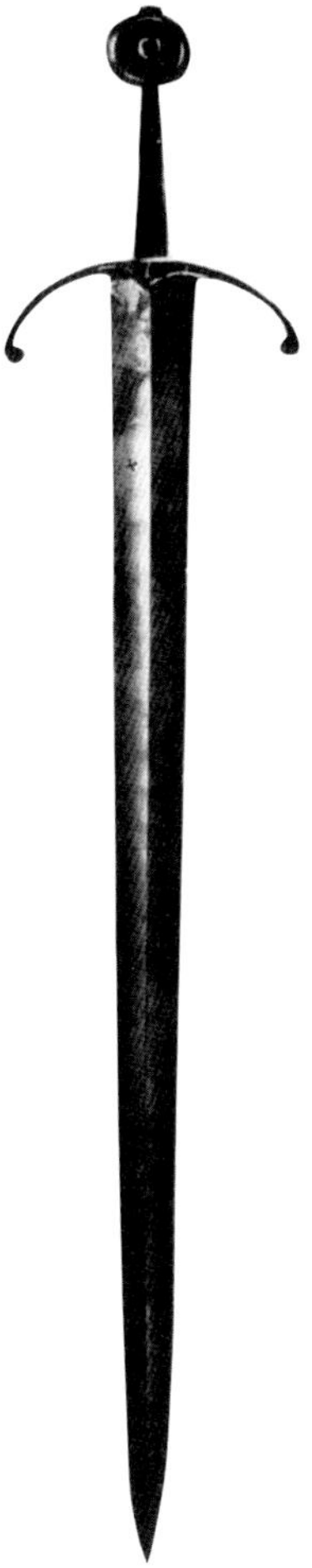
15世紀初頭の剣で、イングランド王ヘンリ５世所有のものと酷似

15世紀はじめのエストーレ・ヴィスコンティの剣

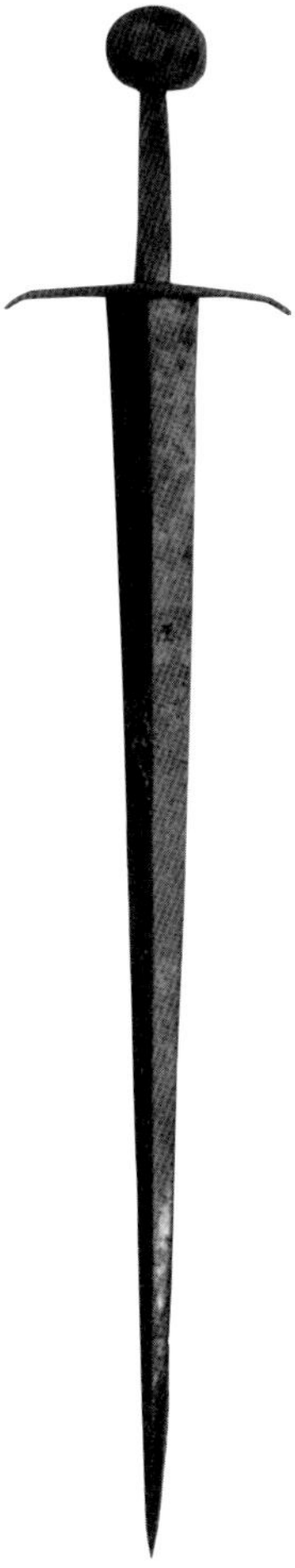
13世紀末〜14世紀初頭の英国の剣

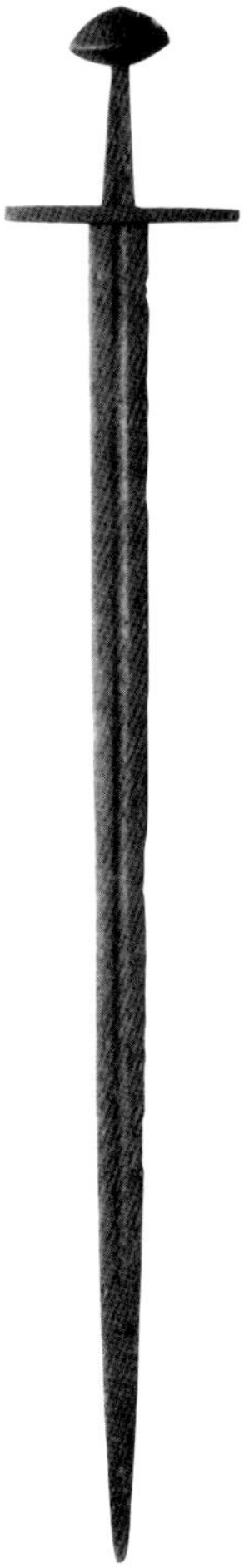
12世紀後半の剣

ときは柄の四分の三以上が飛び出るようにする。それは、腕の力というより、人馬一体のコンパクトに固まった推進力を利用するのだった。

　ところで、すでに述べたように、八世紀には東方から鐙が入ってきた。これにより、騎士たちは、鞍の上で身体を安定させ、馬をコントロールできるようになったのだが、長く重い槍を水平に構えた激突が可能になったのも、鐙のおかげであった。

　もうひとつ注意すべきは、こうした戦い方は、ある程度広い平坦な平野での戦いでないとできないし、相手も、このゲームの「ルール」を受け容れ、正面衝突をよしとする、高貴な騎士でないとならなかった点だ。こそこそ隠れたり撹乱したり、不意打ちをかけるのは、卑劣で騎士の名に値しないのだった。

　剣と槍という、騎士お気に入りの武器以外にも、もちろん武器はあった。馬から下りて戦ったり、攻城戦のときなどは、短剣、棍棒や一種のぬんちゃく、ハンマー（大槌）、戦斧・槌矛などが実用的だった。

衛兵詰め所。コラン師画。ヴァッレ・ダオスタのイッソーニェ城、1499〜1509年頃。

甲冑の変遷

騎士らは防具も攻撃具におとらず重要だということを理解しており、両者は、並行して進化した。騎士はこうした防具も自前で整える財力が必要であった。歩兵や貧乏騎士との「違い」を見せつけるのに最適だったのが、派手で豪華な甲冑であろう。日を浴びて炳《へい》として輝く鎧、これこそ騎士の英姿であった。一般的傾向として、騎士たちの甲冑は、武器の進化とともに、ますます重装備になっていった。

まず楯について。初期中世の楯は、革を張った木の板の組み合わせで円か楕円の形をしており、直径八〇〜九〇センチ、厚さ〇・八〜一・二センチ程度で真ん中に取っ手があった。大きな変化は、一二世紀にやってきた。まず広まったのは、「ノルマン人の楯」であった。それは木製で、革張りがしてあり、上部が丸く下部が尖ったアーモンド形で、内部が軽く凹んでいた。周囲は金属の帯で縁取りされていた。高さ一メートル足らず、細いが下に長く、脚まで守れた。とくに騎乗のときに、身体の半面が守れるようになっていた。

次に登場したより古典的な楯は、上半部が左右真っ直ぐで、また内側の凹みが大きくて兵士が内に入れるくらいだった。これはより広いが高さはあまりない。表面のカーブが大きくて、相手の攻撃を逸らせる仕組みだった。また横広なので身体を守りやすかった。

一三世紀にはこの同じ楯とともに、直径三〇センチ程度の小さな円い楯あるいは小型の長方形の楯も使われるようになった。それは脚が鋼板で守られるようになって、小さな楯ですむようになったからである。

楯以外の防具としては、まず兜がある。初期中世には、ブロンズ製で目だけ開いて頭全部を覆っているものが使われた。その他、頭と肩を覆う革製頭巾もあった。一一〜一二世紀に広まったのは、ノルマン＝モデルの兜で、骨組みの上に鉄の帯を鋲打ちして留め、ときには唯一の鉄板でできている楕円錐形の兜であり、鼻当てが付いていた。ついで一二〜一三世紀には、肩の上に載せて頭と首を守る大きな壺形兜で、目のところだけ狭い隙間のあるものをすっぽり被るように進化した。これは顔・頭を覆い目と耳を守るのにはよかったが、視覚や聴覚は鈍くなったし、重くて息がしにくい上、大きく顔を覆うので、人物を同定できなくなる、というデメリットもあった。最初は頂頭が平らで攻撃に弱くなったが、のちに改良されて頭の上が円錐形になり、相手の剣を受け流すことが可能になった。

　一三世紀以降はバシネ中心の時代である。尖頭アーチ形の金属製縁なし帽で、以前の兜より軽いし、持ち上げ可能な面頬付きで、呼吸も楽になり、快適さが向上した。それから一四世紀には「雀の嘴付き兜」とか「ヒキガエルの頭」との俗称を持つ兜、一五世紀にはアルメと呼ばれる兜やサラッドと呼ばれる兜などもできた。

　兜と組み合わさって、定番の防具になるのが、鎖帷子である。以前の定番は、鱗状の金属片をスレート葺き屋根のように組み合わせ縫い付けていった胴着、「鱗鎧」であったが、一二世紀半ばに本来の鎖帷子が普及していった。それは鉄の小環を連結した鎖帷子で、剣に対しては強い防備になる反面、手斧で環が切断されることもあるし、矢や槍が環のあいだを突き刺すこともあって、弱点も抱えていた。

　平均約三万の小環でできた鎖帷子の重さは、一〇～一五キロにもなる。たしかに重いのだが、重さは両肩のみにかかり、柔軟なので馬に乗っても徒歩でも、身体は動かしやすい、というメリットがあった。鎖の輪は繊細で数が多いほど、衝撃のエネルギーが分散して弱くなって効果的だった。同時期に、鎖の脚絆、鎖の袖覆い、鎖の手袋なども普及していった。さらにのちには、強力な弩や長弓の攻撃にも耐えられる有効な防御策として、板金鎧が採用されるようになった。それをまとわない場合でも、胸、大腿部、腕、背などの露出するところを硬い金属片で覆うようになった。一四世紀末になると、独立した胸当てが板金鎧の基本的パーツとなって広まった。

アングロ・サクソンの騎士とその内部が凹んだ楯。ノルマン人とサクソン人もまた、厚い布または革製の支持体の上にリベット締めまたは縫い取られた、円形・四角・菱形の鱗鎧をまとった。

百年戦争と火器の登場

　騎士たちは、弓・弩を卑怯な道具として貶んだが、その卑怯な道具が大活躍するようになった中世末には、実戦での彼らの役目は大幅に低減してい

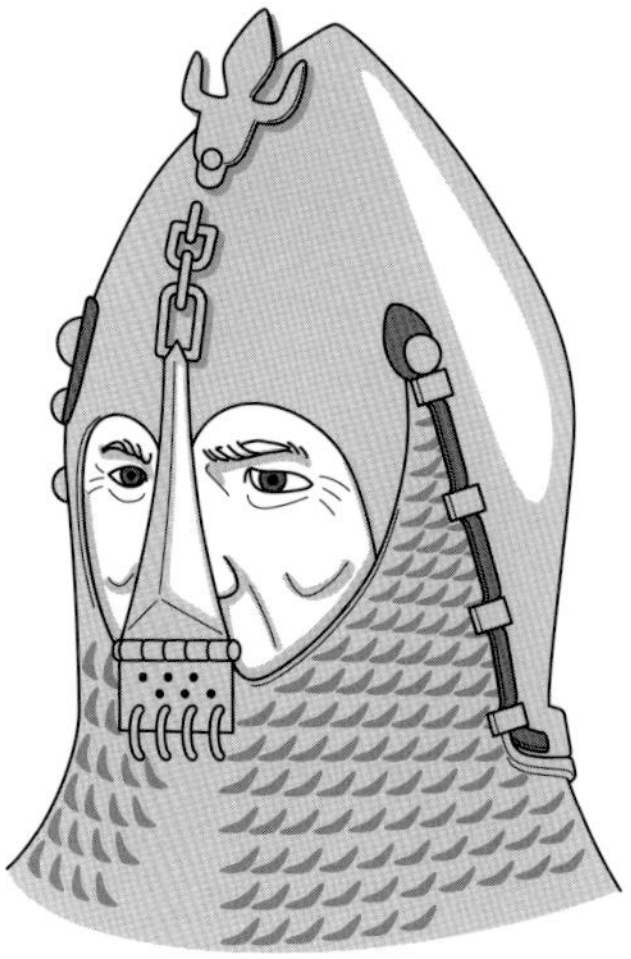

1370年頃の白ユリの形の回転式開閉部（面頬）付きの小さなバシネ。

1200年のドイツ人兵士の最初期の飾冠の例。ここでは「手」だが、他に翼、小さな旗、鷲の脚などがある。

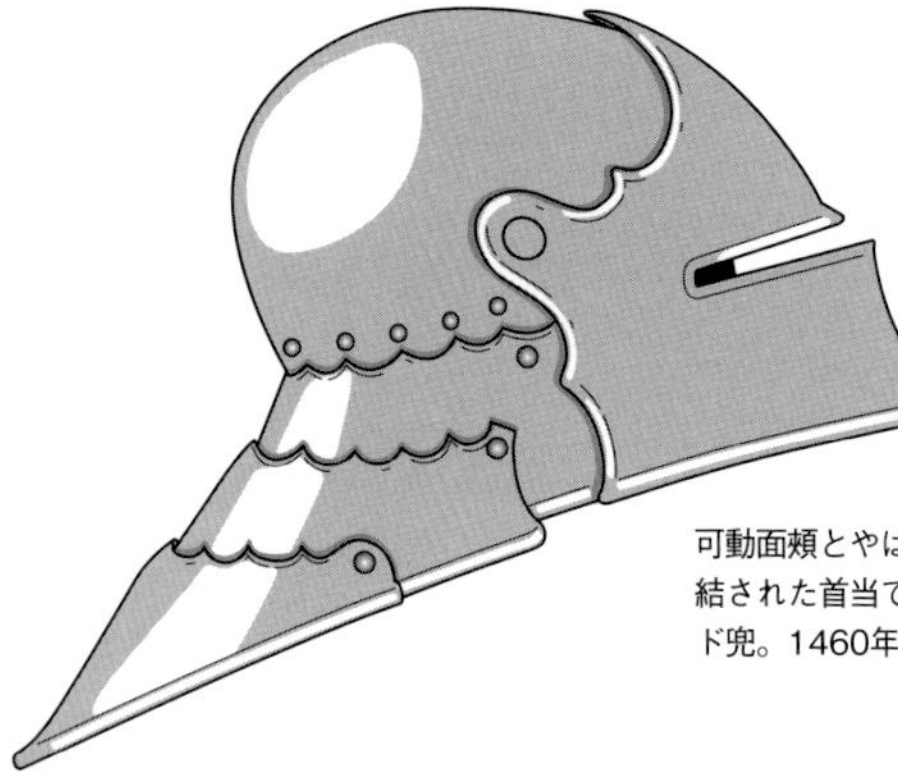

可動面頬とやはり可動状に連結された首当て付きのサラッド兜。1460年。

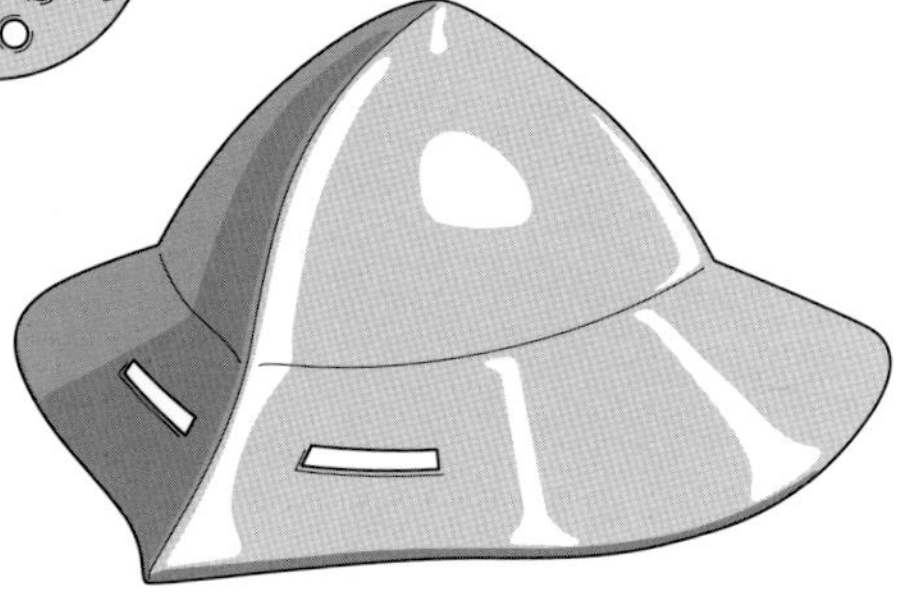

モントーバンのシャペルと呼ばれる兜。15世紀初頭、この南フランスの町で2つのスリットが開いたシャペルの面頬が登場した。

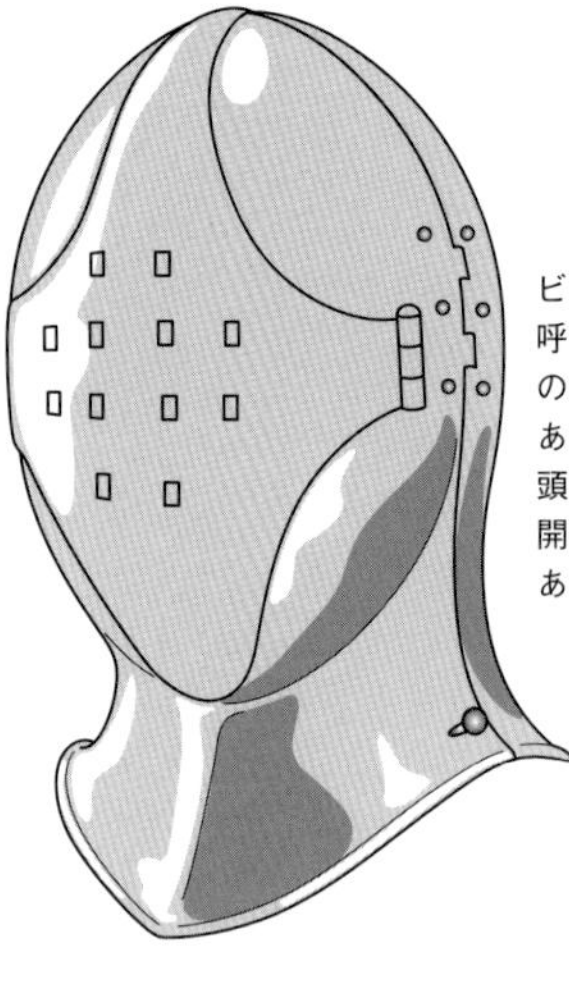

ビコックまたはビコケと呼ばれる兜。1450年頃のものだがフランスではあまり使われなかった。頭を入れるために2面が開いた。面頬は横開きである。

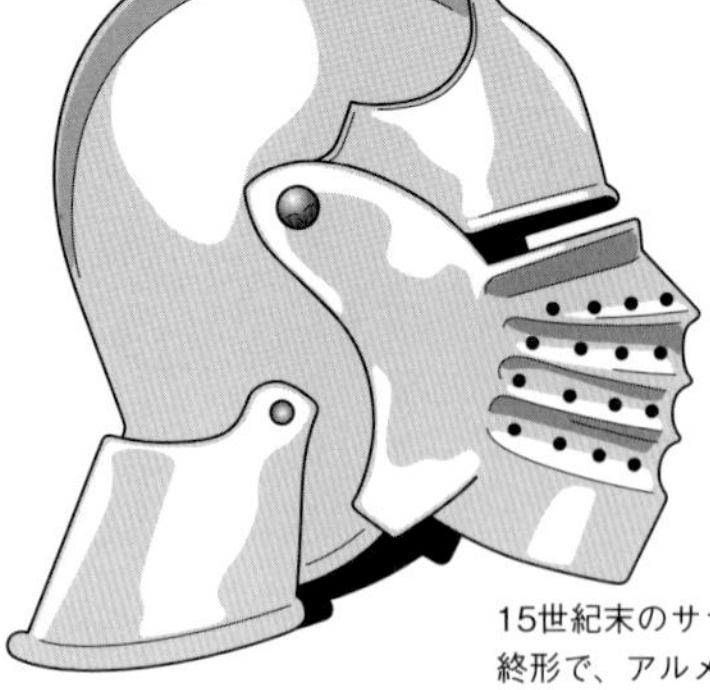

15世紀末のサラッド兜の最終形で、アルメにごく近い。可動面頬は、「蛇腹式」と呼ばれた。

本文イラスト・小野寺美恵

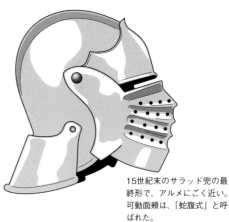

さまざまな防具

黒太子と呼ばれたプランタジネット家のエドワード（1370年頃）。彼は貴族の軍帯をしている。

鎧の上の陣中着は1250年以後には短くなる傾向にあったが、しかし14世紀半ばまでは、長陣中着の多くの例が存在している。

11世紀ドイツの戦士。金属製または革製の鱗鎧を着ている。

1380年頃のドイツの歩兵。彼は鼻当て付きシャペルを被り、繊維の束を詰めたガンビゾンという防具を着ている。

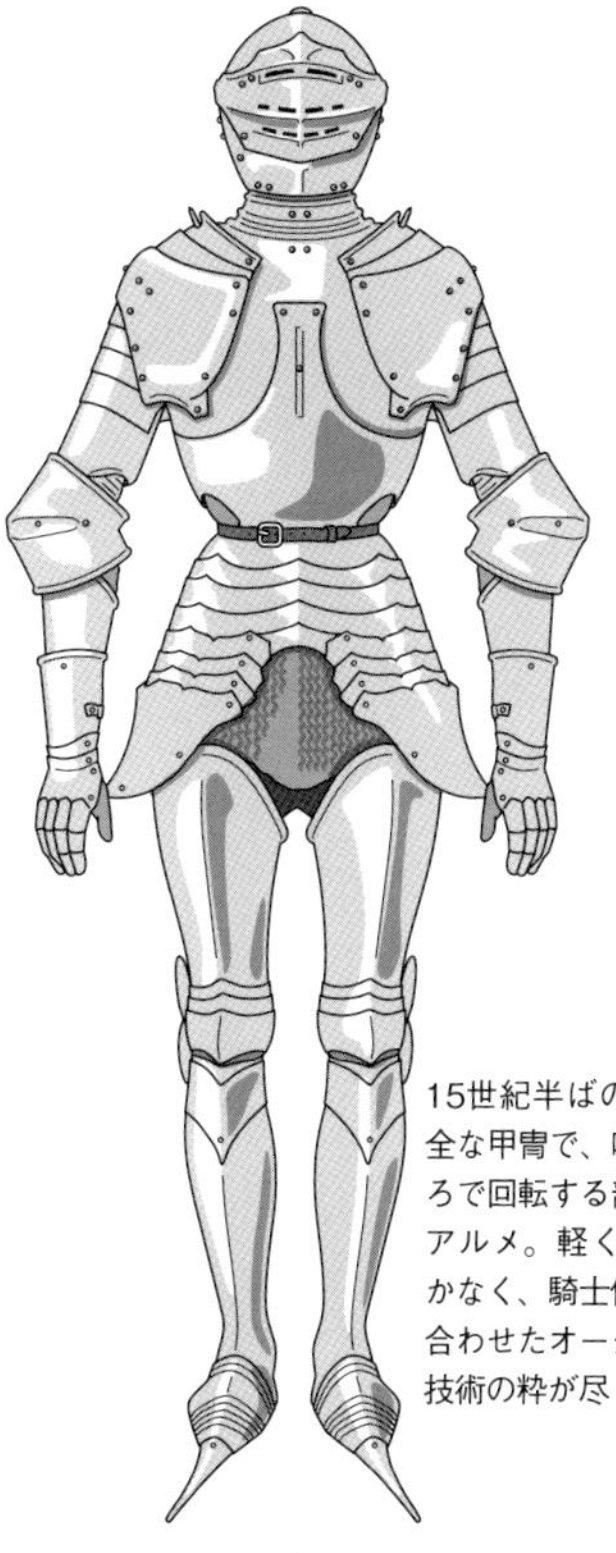

15世紀半ばのドイツの完全な甲冑で、喉当てのところで回転する部分の付いたアルメ。軽くて25キロしかなく、騎士個人の体型に合わせたオーダーメードで技術の粋が尽くされている。

1450年頃の、座金と連結バヴィエールという鎧をまとい、喉当ての付いたバルビュットという兜を被った歩兵。

1442年のディエップの攻囲。王太子ルイに率いられたフランス援軍が、長弓、弩、槍、矛などさまざまな武器でイングランド軍の木製砦を攻めている。フィリップ・ド・コミーヌ『シャルル7世治世年代記』の写本より。1470年頃。（フランス国立図書館所蔵）

った。

　百年戦争が、騎士衰退と歩兵躍進の典型的な戦争であった。

　フランスのカペー朝が一三二八年で断絶し、ヴァロワ朝のフィリップ六世（在位一三二八〜一三五〇年）が跡を継いだが、これに対して母親がカペー家出身であったイングランドのエドワード三世（在位一三二七〜一三七七年）が異を唱えて、自身の王位継承権を主張し、やがて百年戦争の火ぶたが切られたのである。フランス国内に多くの封土を持ち、フランス王に臣従するイングランド王という構図が中心だが、それに、ブルゴーニュ派とアルマニャック派のフランス内部の対立も加わって複雑化した。初期はイングランドが優勢で中期にフランスが一時勢力を盛り返したものの、末期はフランスが絶体絶命の危機に陥る。しかしそこに救国の乙女ジャンヌ・ダルクが登場し、オルレアンを解放（一四二九年）した。その後はずっとフランスが優勢に立ち、一四五三年にイングランドを国土からほぼ完全に追い出すことに成功したのである。

　そのなかで、イングランドの初期の

大砲。ティトゥス・リウィウスの「三十巻の書（ローマ建国史）」より。1470年頃の写本より。（コンデ美術館付属図書室所蔵）

優勢を決定づけた、クレシーの戦い（一三四六年）とポワティエの戦い（一三五六年）、それから中期に一時優勢に立ったフランスを大敗させたアザンクールの戦い（一四一五年）などなど、百年戦争中の英仏決戦で、フランスの封建騎士軍は、イングランドの長弓隊に敵わなくなったのである。

イングランドの長弓戦術が本格的なフランス騎士団を相手にして、最初に威力を示したのが、クレシーの戦いであった。エドワード三世軍は、カーンを陥れた後カレーに向かったが、それをフランス王フィリップ六世が追撃しようとして、両軍がクレシーで衝突したのである。イングランド軍は早朝までに戦闘態勢を整えていた。すなわちエドワードは、クレシーの森の外に位置する小さな丘上に防御布陣を敷き、その際、軍を三小隊に分け、うち二隊に射手を加えて前線に配置したのである。一方、兵力が圧倒的で、勝利を確信していたフランス軍は、午後遅くなって到着した。その油断に、統制のとれない稚拙な戦術が加わり、両者が衝突するや、フランス軍はあっという間に劣敗してしまったのである。高い命中率を持つイングランド軍の長弓射手の活躍で、フランス軍は一万二〇〇〇人の騎士のうち一五四二人が命を落とした。対するイングランド軍には、ほとんど死傷者はいなかったという。

次にポワティエの戦いでは、フランス軍は、はじめ騎馬隊の突撃でエドワード黒太子の射手を蹴散らしてから、歩兵に突撃させてイングランド軍の陣形を破り、さらに攻撃を重ねてとどめを刺す計画を立てた。しかし、またもや統制の欠如が災いして敗北を喫し、ジャン王は捕らえられてしまった。

最後に、アザンクールの戦いでは、フランス軍は、イングランド軍よりもはるかに兵力が大きかった。第一列のみで四〇〇〇の弓兵と弩兵に掩護された六〇〇〇の下馬騎士がおり、それを挟むようにして、左に一六〇〇、右に八〇〇〇の騎馬隊がいたという。第二列にも同等の兵力がいたようだ。フランスは、この騎士と従者の大軍勢により、イングランドの弓兵を攻撃するとともに、より小規模の勢力がイングラ

1356年のポワティエの戦い。左側フランス軍は弩を、右側イングランド軍は長弓を使っている。フロワサールの年代記の写本挿絵（15世紀半ば）より。（フランス国立図書館所蔵）

14世紀の戦いシーン。手前には死者の山。部隊の配置、作戦計画の出来不出来が武力の差以上の効果を発揮することがあった。

1356年のポワティエの戦い。左側のイングランドの長弓隊がフランス軍を攻撃している。（フランス国立図書館所蔵）

ンドの反対側に回り込んで敵の戦列を背後より襲う計画を立てていた。

ところが、敵の王ヘンリ五世（在位一四一三〜一四二二）はこの作戦を察知して、うまく対応することができた。一晩中馬に乗りづめで疲弊の極致にあったフランス軍は、嵐のためどろどろにぬかるんだ畑地、しかも森に囲まれた狭い場所では、大軍勢を展開させられず、敵の側面にうまく回り込むこともできなかった。対するイングランド軍は、本隊、右翼、左翼それぞれに弓兵隊が配置され、フランス軍と対峙した。前進し始めたフランス軍にイングランド弓兵の矢が降り掛かり、多数の者が傷ついたり殺されたりした。イングランドの弓隊を攻撃しようと別の方に回ったフランス軍の一隊は、自軍本隊の前衛に戻った形になって、前衛は大混乱した。フランスの騎士の多くが落馬し、総崩れとなったが、それを見たイングランド軍は今度は短剣、斧、剣で、敗走するフランス軍に打ちかかって殺戮したのであった。

このアザンクールの戦いの例からもわかるように、中世末の騎士の実戦における役割の失墜は、長弓の威力に抗

百年戦争中のエピソードとして有名な「カレーの市民」。裸足で首に縄を付けた下着姿でイングランド軍に跪くカレーの貴人たち。イングランド兵士は全身甲冑に身を固めている。クレシーの戦いの勝利（1346年）後も、カレー市民はイングランド軍に抵抗し、1年近く持ち堪えた。1347年8月4日に陥落して、6人の市民代表が罰として絞首刑に処されるはずだったが、王妃の執り成しで死を免れた。14世紀の写本より。（フランス国立図書館所蔵）

しえなかったことのみが理由ではなかった。統制のない騎士軍に比べ、軽槍で武装した歩兵たちが、巧みな隊形を組み、意表を突く作戦を練って、重武装の騎士らを翻弄したからでもあった。歩兵については、第八章の「歩兵と傭兵の擡頭」の節で説明しよう。

さらに、火薬を使った火器の登場で戦術はまったく変わることになった。一四世紀にはまだごく限定的だった火器の使用だが、イングランドのエドワード三世は、上述のカレー攻城に一〇台の大砲を使用したという。一五世紀には大砲の作りが一新されて攻撃の効率が上がり、都市攻略術がそれまでとは一変した。大砲から発射されるのは、最初は、火が燃え鉛玉が付けられた大きな矢であった。徐々に火薬の製造も改良されていき、のちには攻城のみでなく、野戦でも使われるようになった。発射されるのも、矢ではなく金属球になった。

一六世紀になると、剣や槍はとうとう完全にすたれ、マスケット銃や車輪式引き金銃が全盛の時代となっていった。

コラム 4

騎士と城

攻城シーン。工兵が壁の下で仕事をしている。（サー・ジョン・ソーン美術館所蔵）

城は領主支配と騎士・貴族の生活様式を象徴する建物である。権力者とその取り巻きの住居でもある。兵士が防備しても城主がいない要塞とは違うし、戦争のために一時的に造られる軍営でもなく、恒久的な建物である。西洋の城が雨後の筍のように造られるようになったのは、王権が分割相続や財政の悪化、異民族侵入などで弱体化して、要塞建築・築城権を独占できなくなり、かわりに地方権力者が力を増してきた時代においてであった。こうした地方権力者は、城に拠って、城主となり、その一円を支配するようになるが、王や諸侯は彼らを挫くかわりに、封建的権利を授与するという形でその存在を認めざるを得なかった。城主は、王・諸侯から裁判権、徴税権などを略取し、経済発展の恩恵も被って、城のまわりの環境を再組織して城主支配権を固めていった。

　九～一一世紀の城は、円錐台状、円形、楕円形などに土を盛り上げ木造の防御柵で囲い、周囲に堀をめぐらすといった簡単なものだったが、やがて一二世紀に石造が本格化し、一三世紀になると石造が主流になる。いうまでもなく、石壁は木壁よりずっと堅固で、防衛が有利になった。四角形の大きな居住用主塔（ドンジョン）は、横幅一〇メートル以上ある大きなものであった。一〇世紀末にロワール川流域に登場し、一一世紀後半にはノルマンディー、イングランドに、一三世紀にはドイツにも広まった。横幅三〇メートル以上、壁の厚さ五〜七メートルという鈍重にして堅固なものもあったが、この型の城の防備は、頂上からしかできず、頂上に、壁の下部を見張るための木製櫓をかけることもあった。だが、のちに登場することになる円形ないし多角形の塔からは弓を効果的に射ることができた。さらに一三世紀半ばからは、同心円状に、二重の城壁を備えた堅固な城ができた。これにより城からの敵への攻撃が二段構えになり、守りがひじょうに堅固になった。その後も領主家族の快適さの追求、攻城術と武器の進化に合わせた防備の改善、また城からの攻撃のための進化が一六世紀までつづけられる。

　城を守る部隊としては、初期の頃は

1 a

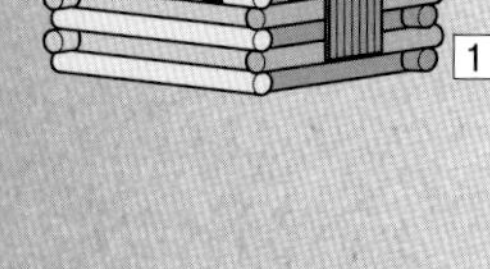

1 b

1

2

城主の家臣たる騎士たちが城にずっと詰めていた。これは封建的な義務のひとつだったが、のちになると、騎士たちは自分の土地に居を構えつつ、領主の城に交替で勤務に就いた。一四世紀以降になると、傭兵に守備を任せることが一般化する。大砲が登場し、攻城術が進歩する一五世紀になると、城の役割は低減していった。

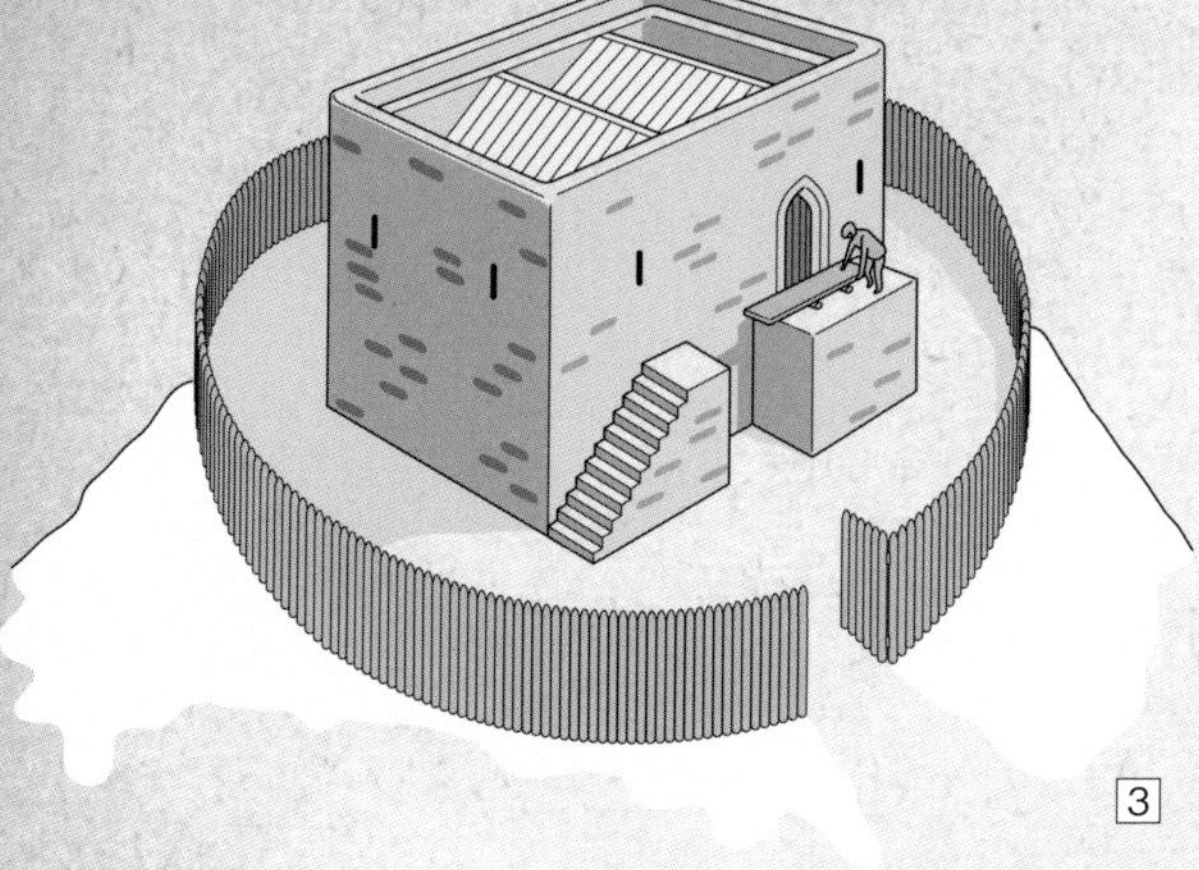

3

5

4

1 9〜10世紀の質素な木造の城。a、bは塔、砦。

2 11世紀のノルマン人の城。長方形の地所に盛り土をし、10〜30メートルの主塔を建てた。

3 10世紀の石製の低い主塔。

4 11世紀末のアングロ・ノルマンの城。

5 クシー（エーヌ県）の城。1225〜1230年に建設され、塔は高さ36メートルもある。

第六章 もう一人の主役――「馬」の歴史

騎士は、馬なしにはあり得ない。馬は、華麗な騎士や貴婦人と並んで、騎士文化の（陰の）立て役者であったはずだ。だが、騎士身分の誕生や武具、馬具の改良に多量の紙とインクが費やされてきたわりには、馬自体について論じられることが少なすぎた。本当は、馬にも変化し発展する歴史があるのだが。

紀元前四〇〇〇年紀に、シベリア南部から黒海北部にかけてのステップ地帯で家畜化されて以来、馬は、農作業・運搬、そしてなかんずく軍事目的に盛んに利用され、人類の農業と商業と文明の広がりに貢献してきた。あらゆる動物のうちもっとも人類の進歩と結びついている馬の功績は、ひじょうに大きいのである。

では、この馬が、西洋の騎士たちの相棒となったのは、いかなる過程を経てのことだったのだろうか。調べてみよう。

マムルークの兵士らの訓練。シリア、エジプトの奴隷軍人であるマルムークは、少年期より軍事技術を学んだが、乗馬もひじょうに重視された。（大英図書館所蔵写本より）

アラビア馬の導入と馬の飼育交配

西洋世界においては、すでに古代から、ギリシャ人、ローマ人、ビザンツ人らが馬をさまざまな用途に活用していた。すなわち、戦争、情報伝達、輸送、戦車競走などに利用していたのである。しかし馬と一体となった戦士身分＝騎士が誕生したのは、ヨーロッパ

馬に乗ったスキタイ人の射手の絵が描かれた黒い図柄の首型アンフォラ。チェルヴェテリ、紀元前535〜525年。

ポロに興じるティムール王朝の男たち。16世紀第２四半期イランの写本挿絵。

の中世においてであった。これはさほど簡単なことではなかった。というのは、重さに耐える頑丈な馬、馬を操り武器を振るうのを助ける道具などが不可欠であったからである。

　七三二年、トゥール・ポワティエ間の戦いでは、堅固な陣形で緊密にまとまった歩兵隊を擁したフランク軍が勝利したものの、敵方イスラーム教徒らの騎兵隊の縦横無尽の活躍に翻弄されて苦戦を強いられた。そこで騎兵がいかに戦闘において重要かを認識したフランク王国の宮宰カール・マルテル（六八八もしくは六八九～七四一年）は、騎兵隊を創設したが、そのための馬の調達が難問だった。ヨーロッパ原産の馬は小型で、軍事用には適さなかったのである。そこで、アラブ人を介して、アフリカ産もしくは中央アジア産の、重武装でも耐えられる馬が初めてヨーロッパに導入されることになった。だが、十分大型な馬を安定的に生産するには、長期にわたって飼育交配を重ねなくてはならなかった。早くもカール大帝（在位七六八～八一四年）自身、馬の飼育交配にひじょうな関心を示したという。

　やがて、騎士の時代になって、大型化へのモチベーションが高まる。というのも、第五章で述べたように、騎士の甲冑はいよいよ重くなっていったし、馬も大きな鞍や鉄の装飾馬具を付けるようになり、たちまち一〇〇キロ以上を支えねばならなくなったからである。馬は、一二世紀にはおよそ一七〇キロ、一六世紀には二二〇キロも乗せなくてはならなくなったといわれる。

　では、どこでいかに頑健な大型馬が

作られたのだろうか。馬の飼育、体質・体型の改良については、すでに八世紀終わりまでには、個々の領主が管理された種馬牧場を所有・運営するようになり、それをフランク皇帝が保護していた。ついで一一世紀以降になると、フランス、イタリア、スペイン、イングランドなど、各国がいわば国策として、飼育場作りを推進した。たとえばイングランドについては、ドゥームズデイ・ブック（ウィリアム一世による世界初の土地台帳）が三五の牧場・狩猟地を挙げていて、そのいくつかは馬の飼育に関係していたようだ。一二世紀には修道院あるいは大司教や世俗貴族が馬の飼育場を所有していた。

　また、イタリアについては、一一世紀後半にノルマン人がシチリアを征服したことで直接ベルベル人やアラブ人から種馬を手に入れることができるようになった。そして南イタリアのアプリア、カラブリア地方が、馬の飼育にひじょうに適していた。というのも、石灰岩のカルスト地形が骨の育成に必要なカルシウムをたっぷり含む草を育てたし、一方、ゆるやかな起伏の丘の石がちの表面が雄の子馬の蹄を硬くし、彼らの筋肉を強化して、頑丈な体軀にするのに役立ったからである。小さく軽く敏捷で頑強な馬を購入してそれに大きな雌馬をかけ合わせ、生まれた子馬を、水気を多く含んだ草で育ててより大きくしたのである。ノルマン・シチリア王国を母から受け継いだ皇帝フリードリヒ二世（在位一二一五～一二五〇年）は、馬の品種改良に関心を抱いて、多量の飼育場、種馬を持っていた。

　フランスでも、国王が馬の飼育場を増やそうと音頭をとった。さらに一二七九年には、フィリップ三世（在位一二七〇～一二八五年）は、二〇〇ポンドの価値の土地を持つ全騎士、一五〇〇ポンドの価値の財産を持つ全ブルジョワは、一頭の繁殖改良用の雌馬を所有すべきだと命じ、また十分な牧草地を持つすべての領主、修道院長、伯、公は、一二八一年の聖燭節（二月二日）までに、四～六頭の雌馬の飼育場を設けるよう命じた。実際、自分の領地で生まれ育ち、飼って訓練した馬を利用する貴族や高位聖職者は多かった。こうしたごく少数の繁殖用雌馬の飼育はもっとも広まっていたやり方だろうが、また同時に、大量の野生馬がいて荒れ地や森のなかで勝手に繁殖していた。たとえばブルターニュのど真ん中で、ロアン副伯は、ルデアックの森のなかに、五〇〇～六〇〇頭くらいの野生馬を保有していた。

　馬の売買については、買い手と売り手の直接交渉もあったが、また週市や年市で売られることもあった。フランスのシャンパーニュ、パリ、ルーアンなどは、馬の国際市場であり、各国君主や大領主の密使がその場に行って良い馬を選んだし、また商人が買いにきたりした。

　長期間、ときには数年間におよぶ期間、複雑な方法でバクトリア種ないしアラブ種を選択的に交配・繁殖させて軍馬ができあがるが、それを何世代も何世代も繰り返し、いわば数世紀にわたる飼育交配・品種改良努力の甲斐あって、体長一七〇センチ以上の巨大で頑健な騎馬用馬の大規模な産出が可能となったのである。しかしこうした巨大化は、一五世紀で頭打ちになり、一六～一七世紀には、宮廷ファッションに見合ったスリムで軽快な馬のほうが、人気をさらう。これは、もはや「騎士」が、実質的な役割を終えた、お飾りになったことと見合った事態であろう。

馬の使い分け

　馬は、農業用、運搬用、そして戦争用など、さまざまな用途に使われたが、馬が騎士の仲間となるためには、乗馬のためのいくつもの道具の発明・改良が必要だった。鐙《あぶみ》・蹄鉄・拍車・鞍（深い鞍壺の鞍）・手綱（轡付き手綱）などに関わるものである。とくに八世紀初頭に、中東から、ビザンツ人を介してあるいは直接、フランク族へと鐙が伝えられ、馬上でしっかり身体を支えられるようになった事実は、騎士たちにとって決定的に重要であった。鐙の上で両足を前方に力を入れて踏ん張り、その反動で上体を後方に反らせる姿勢が可能になったし、また鐙のおかげで、馬の歩調に合わせて、足にかかる反発力を抜いて負荷のかからない楽な騎乗法を編み出せた。また足を踏みしめられるからこそ、剣や槍を存分にふるえるようにもなったのだ。もうひとつ、蹄鉄の使用により傷つきやすい馬蹄が保護されて、長く険しい道のりでも踏破できるようになったので、軍馬の性能は飛躍的に向上した。

馬に乗る女性、「マネッセ写本」(1350年頃)。コンラディン王が恋人に求愛している。女性は手にハイタカを持っている。

　中世においては、乗り物に使われる馬にはいくつか種類があった。戦争には速く走る「駿馬（クルシエ）」ないし「軍馬（デストリエ）」が用いられたが、きわめて高価であった。騎士は、戦争が始まるまでそれに乗らず、戦争以外のときには、楯持ちがこの馬を率いた。この馬は、攻撃する強い力を備え、急な回転ができねばならなかった。もっとも人気があったのは、アラゴン、カスティリア、ガスコーニュ産のものだった。この馬は雄馬でなければならなかった。というのも、雌馬や去勢馬は勇気・威厳を重んじる騎士にはふさわしくない、とされていたからである。雌馬・去勢馬は聖職者や女性の乗り物だった。

　高級な「儀仗馬（パルフロワ）」もひじょうに高価で、騎士がそれに乗るのは儀式のときだけだったが、貴婦人や

白馬に乗り鷹狩りをする女性、「健康宝鑑」写本より（14世紀末）。2頭のスパニエル犬がヤマウズラの群れを追っている。

娘、高位聖職者は、旅のときにはそれに乗ることがあった。儀仗馬は、正確に測った大きな歩幅で歩かねばならず、しかもそれを重い武具・装飾とともにこなさねばならなかった。

　何にでも役立つ「非去勢馬（ロンサン）」は、より価値が低いが、ときには貧しい騎士・楯持ちの乗る馬となり、聖職者が乗ることもあった。また、荷馬としても用いられた。

　以上の三種類の馬を騎士は所持すべきであり、それらを自前で揃えるにはかなりの財力が必要であった。もちろん財力に余裕のある騎士は、もっと多数の馬を持っていた。

　馬には四つの歩調がある。

①襲歩＝ギャロップはもっとも速い駆け足で、一連の跳躍からなる。馬はまず同時に左右前脚を上げ、ついで左右後脚を上げることで前に飛ぶように進む。

②跑足《だくあし》＝トロットはふつうの速歩で、歩くよりもかなり速い。というのは前脚の一つと、それと反対側の後脚の一つを同時に上げ、また着地する走り方で、ほんの短い時間、全部の脚が地面を離れることがあるからで

ある。

③側対歩＝アンブルは、前脚・後脚の同じ側を一緒に上げる歩き方である。これは馬があまり地面から高く脚を上げず、後脚より前脚をわずかに早く置くことで滑っているような印象を与えることもある。

④並足＝ウォークは、跑足と同じ脚の動きだが、馬はただし、急速な動きをしない。

仲間としての馬

騎士にとって、馬とは特別な動物であった。聖書の「創世記」第一章二八節でいわれているような、支配し隷従させるべき「動物」というよりも、自分たちの目指す理想を共に達成すべき「仲間」であったのである。馬は騎士と共に、戦争に、狩りに、トーナメントにと、一時も離れずに臨んだが、互いの信頼関係がないとうまくいかないことは当然である。だから、こうした機会以外にも、騎士は日常的に馬を世話し、乗りこなし、会話し、愛情を示し、まるで親友のように扱った。

軍馬は細心の注意をもって、長い時間訓練せねば一人前にならなかった。若い子馬に、馬銜《はみ》を噛ませたり鞍を据えたりするのは容易ではなかったし、馬は大きな音に慣れる必要もあり、また上記四つの歩調を学ばねばならなかった。こうした訓練を共にし、長い期間を一緒に過ごしながら成長していく騎士とその愛馬は、離れがたい感情の絆で結ばれるのである。馬が傷ついたときのダメージは大変なものであった。

馬は、騎士の社会的地位のシンボルでもあった。王侯貴族が廐舎に莫大な金を投じて馬の世話をしたのは、だから当然であろう。馬を見れば持ち主の騎士がわかる、といわれたように、馬の姿の立派さ、その姿勢のよさ、豪華な馬装などが騎士の美徳を示した。反対に、馬を失ったり、下馬して戦わねばならない騎士、あるいは軍馬の代わりに駄馬に乗った騎士は馬鹿にされた。

人間の友と同様、忠実な仲間の馬には、名前が与えられた。『ロランの歌』に出てくる馬の名前を紹介してみれば、ジェラン伯の馬は「ソレル」（明るい栗色）、ジェレールの馬は「パスセルフ」（鹿を追い越す［打ち負かす］）、ガヌロンの馬は「タシュブラン」（褐色の斑点）、ロランの馬は「ヴェイヤンティフ」（勇敢・雄々しい）、カール大帝の馬は「タンサンデュール（タンスデュール）」（灰白色）……など。

宮廷文学のなかには、いたるところ馬がいる。

ホルンハウゼンの騎馬石碑。7世紀。

「バンベルクの騎士」と呼ばれるシュタウフェン朝の騎士像。1235～37年製作。

ヨルダヌス・ルフス『ヒッピアトリア、馬の獣医の書』。13世紀末写本。

「ヨハネ黙示録」には４匹の色の違う馬が現れ各々が災厄を表す。画家は同時代の騎士姿でそれを表現しているのが面白い。赤馬は「戦争」のシンボル。（カンブレー市立図書館蔵）

戦闘や狩りだけでなく、果樹園で休息しているときも、あるいは貴婦人に愛を語っているときも、その忠実な動物は騎士の傍らにいる。文学で称えられる良い馬とは戦場で意気揚々、勇気をもって騎士の命令に従い、あるいは傷ついた騎士を乗せて、安全な森の奥深くへと導き、騎士の指示がなくとも自ら敵に向かってギャロップで突進し、後脚を跳ね上げ蹴る勇敢な馬である。またあたかも老賢者のように、微妙な異変に気づいて嘶いたり、鼻に皺を寄せたりする馬も登場する。

　文学中の騎士は、相棒の馬に、まるで人間であるかのようにせつせつと語りかけることもあるが、これはおそらく現実にもあちこちで見られた光景であろう。またジェルベール・ド・メスは、ロレーヌ・サイクルに属する『ジェルベール・ド・メス』（一二世紀末ないし一三世紀初頭作）のなかで、愛馬フロリが倒れて瀕死の状態のとき、自分の現在の唯一の慰みは、愛する馬が敵の手に渡らないで主人の傍らで死ぬことだとして、次のようにその英雄的な死を称える――

　ああ、わが見事な馬よ！　お前の運命がいかに私を悲しませることか！　お前は足で引っ掻き嘶くのが習慣だったのになあ。一里あまり離れていてもお前の声を聞くことができたろう。で、今やお前が大地に長く横たわっているのを見なきゃならんとは！　だが、神に感謝したいことがひとつある。それは、わが敵たちがお前を手に入れることはできぬということじゃ。お前は私の傍らで死んでゆくのだ！

第七章　物語のなかの騎士

騎士の理想の姿、そして騎士道は、キリスト教の影響を濃厚に被っていたが、たんに信心深く、教会の大義に尽くすだけが騎士の道ではない。騎士の理想の姿を示すのは、宮廷文学の役目であった。もともと、王に忠実で、仲間とも友愛の絆で強く結ばれていた騎士であったが、一二世紀以降、宮廷での廷臣たち、そして貴婦人たちの雅な生活ぶりが定着すると、騎士たる者は、宮廷人としても優れた者、社交上手でなければならなくなった。

ヴィエンヌの手前でカール大帝とロランに会いに、馬に乗っていくオリヴィエ。二人はそれぞれ王への忠義（ロラン）と家系の名誉（オリヴィエ）のために戦うが、決着がつかず、その後無二の友となる。『ロランの歌』の内容に先立つ出来事である。『ジラール・ド・ヴィエンヌ』、14世紀前半。（大英博物館所蔵写本より）

初期の武勲詩では、異教徒との戦争・武勲や、主君と家臣のあいだの信義と違背、男同士の友愛と裏切りといったモチーフが主だったが、やがて女性との関係が前面に躍り出てきて、騎士は「愛する男」として冒険に出、苦難を乗り越えて使命を果たそうとする。そこに、キリスト教の秘儀やケルトの神秘が加わると、超自然的な趣を濃厚にしていく。アーサー王伝説はその集大成であり、円卓の騎士は、騎士たちの理想となっていった。

武勲詩

最初に騎士たちが登場する文学ジャンルは、いわゆる「武勲詩」である。「武勲詩」というのは、民族の英雄の武勲や、他の主人公のさまざまな歴史的事績を扱った叙事詩の一種であり、当初、聴衆たちを前に口頭で歌われたと思われる。ジョングルールたちは、市場では民衆を前に、巡礼路沿いの宿では巡礼者に、城では騎士や貴婦人を相手に、さらに教会前広場でも教会にやってきた信徒たちに、音楽を伴奏に音吐朗々、歌い語ったことだろう。

英雄の武勲の話が成功を収めると、その人物の他の武勲や、幼少期、老年期の話、さらにその父や祖父、親族の話などとテーマがどんどん広がっていき、いわゆるサイクル化が起きる。そして一一世紀から一二世紀にかけて、重要な作品が次々作られる。

武勲詩最初の、そして最高傑作がフランスの『ロランの歌』である。成立は一一世紀後半といわれるが、写本としては一二世紀初頭のものが残っている。本作品は、イスパニアに遠征したカール大帝がサラゴサまで行き、その帰途、峠道で敵に襲われた史実（七七八年）をもとに作られた。実際に襲ったのはバスク人だったが、それをイスラーム教徒に作り替え、またキリスト教の聖戦の理念を交えて描き出したものである。ガヌロンの裏切りとロランのあまりに傲然たる誇り――ロランは友のオリヴィエの忠告があったが、皇帝軍の本隊の助けを角笛で呼ぶことを拒んでロンスヴォーで亡くなる――が破滅を呼ぶ、古拙にして悲痛な話である。

フランク人の評議。ペン画、『ロランの歌』、1180〜90年頃。
（ハイデルベルク大学図書館所蔵写本より）

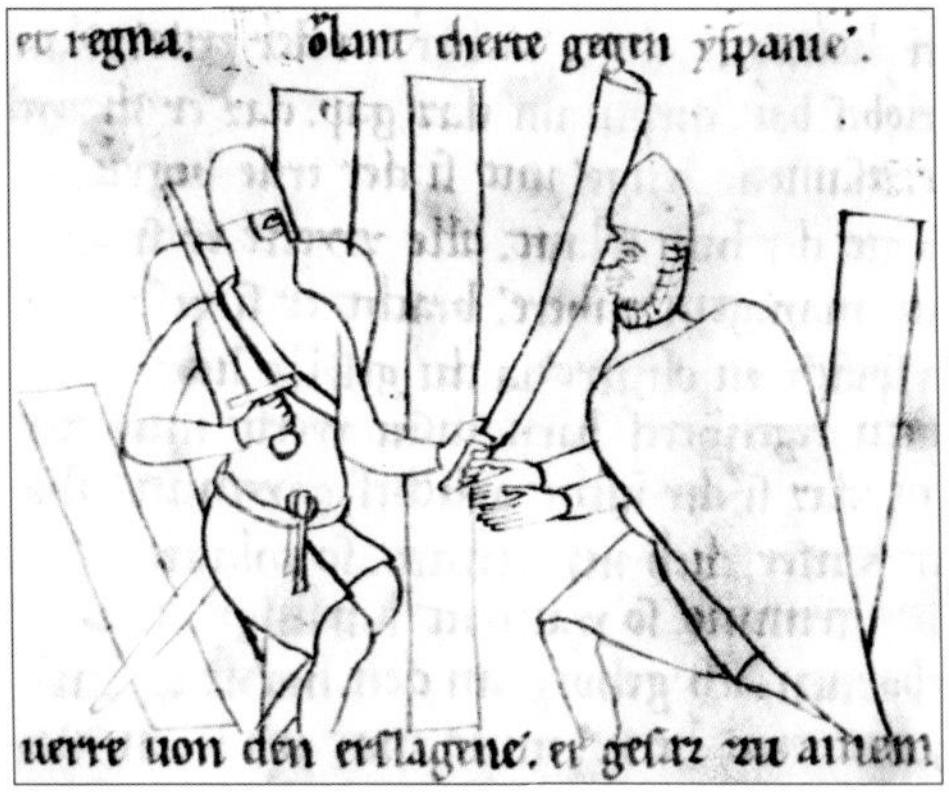

サラセン人を殺めるロラン。『ロランの歌』、1180〜90年頃。
（ハイデルベルク大学図書館所蔵写本より）

忠節、同胞意識、武勲、友愛と裏切りなど、男同士の心模様が、荒々しい戦闘光景の合間に描かれる。角笛を吹いて援軍を呼ぶのをかたくなに拒むロランには、武勇を何より重んじる当時の騎士の理想が表れている。

他の「武勲詩」でも、しばしば「戦い」の場面が見せ場として頻出し、そこで詩人らは聴衆と一体になり、騎士の勇気と激烈な攻撃ぶりを称える。そのため、正面衝突、相手を落馬させるやり方、自分の楯を身体の前に置き、ついで拍車を入れ、手綱を緩め、槍を振り上げてから下に降ろし、腕の下にピッタリ構えて敵に狙いを定め、正面から突進する……など戦いの技倆がつぶさに描かれる。衝突の強さを強調するため、詩人は、しばしば槍が敵の楯を破裂させ、鎧を突き破り、敵の身体そのものを串刺しにして反対側から槍先が突き出るとまで、記している。武勲詩にはこうしたシーンが、数かぎりなく繰り返される。

『ロランの歌』に明瞭だが、異教徒と

戦う騎士たちの物語には、すでに十字軍の雰囲気があり、いずれも、最終的には、サラセン人は強制的に改宗させられるか、さもなければ殲滅されてしまう。そしてその戦争の勝利により、異教徒が間違っており、キリスト教こそが本来正しい宗教であることが示されるのである。彼らの戦いは、たんに世俗の戦いではない。神の導きのもとでの戦いなのだ。その証拠にたとえば『ロランの歌』では、大天使ガブリエルがカール大帝の枕頭を守っていたし、アミール（イスラーム教徒の総督、軍隊の長）との大闘争のときも傍らにいた。ガブリエルはロランが死ぬ間際にもいて、その祈りを聞いた――「父よ、ラザロを蘇らせ、ダニエルを獅子の巣穴から連れ出した御方よ、わが魂を危険と絶望から救い給い、私の罪をお許し下さい」と。

　このように武勲詩中には、キリスト教戦士としての騎士たちが、異教徒との戦いに際して強い宗教的な感情を持つことが表されている。騎士というのは、神と地上の主君の二人に仕えているのであり、命をかけた戦闘においては、十字架上で死んだイエスこそが、彼らの勇気の源であった。『ロランの歌』以外に、『ギョーム・ドランジュ』にも宗教感情が発露している。そのなかで感動的場面として注目したいのは、たとえば、瀕死のヴィヴィアンの傍らにギョームが跪き、小袋に聖別された聖体が入っていて、彼に罪の赦しを与えようとしているとき、ヴィヴィアンが、神＝イエスについての信仰箇条を朗唱するのを聞くシーンなどだ。

　だが実をいえば、異教徒との戦いが武勲詩の最大のモチーフではない。そのもっとも主要な命題は、家臣の王への忠義、騎士の領主への忠誠であり、あるいはその忠誠の限界であった。主君への絶対服従の美学だけではなく、むしろ主君への忠誠をどうしても貫けない、義理と人情に挟まれた「叛乱バロンもの」も、数多く生み出された。『ジラール・ド・ルシヨン』『ルノ・ド・モントーバン』『ラウール・ド・カンブレー』などがその代表であり、いかにして家臣としての忠誠と個人的な名誉を折り合わせるか、母の住む修道院を焼きはらわれ、親族が殺されるなど、家族・親族が虐待されたり、不正や恩知らずな所業をされても、主君に仕えるべきか、重い問いが物語の背景になっている。

「武勲詩」の聴衆の大半は騎士階級であった。だからこのジャンルには、彼らが理想とした騎士の多様な姿を見ることができる。多少とも自尊心をくすぐる騎士の自画像といったところだろうか。だが逆に、その文学から、現実の戦士たちが着想を得て、自分の騎士道の姿を彫琢していったという相互作用もある。またキリストの戦士＝騎士のイメージには、当然、教会の意図が反映していよう。

宮廷風ロマン

「武勲詩」に描き出された戦争のヒロイズムから、複雑な行動と感情の相互作用へ、宮廷文学の主調音が変わっていくとともに、新たな文学ジャンルが生まれる。

　まずは、南フランスのトゥルバドゥールたちが、愛をテーマにした洗練された抒情詩を創作する。彼らにとっては、世界の中心には愛する女性がいて、男女のあいだに、満たされ分かち合う愛と満たされない愛の願望の間の緊張関係が張りめぐらされる。その関係に

騎士の遊び、若きトリスタンの教育、そして武芸試合への騎行。「トリスタン」写本挿絵（13世紀第2四半期）より。

入り込んだ騎士は、勇気、礼節、寛大などの美徳を得ながら貴婦人に近づいてゆく。

　最初はアキテーヌ公ギョーム九世（一〇七一～一一二六年）が一二世紀初頭に、まだ剥き出しで洗練度は低いながら、男女の愛をテーマに詩を書いた。ギョームの後継者たちは、しばしば身分の低い騎士であったり、聖職者や家僕・平民であり、彼らはとりわけ貴婦人、領主夫人への愛の奉仕を強調した。

　そこに打ち出された愛の新たな倫理からは夫は排除されていて、だからトゥルバドゥールの歌う愛は「姦通愛」ではないか、といわれる。その倫理を完成させたのは、ベルナール・ド・ヴァンタドゥールである。トゥルバドゥールたちの詩の世界は現実の騎士たちの世界とはかけ離れた疑似現実ではあるが、両者は相似性をも孕んでいる。というのは、騎士が恋人に奉仕する関係が領主への奉仕の関係と似ており、また恋愛修行も騎士の訓練と類比的で、難解になりがちな恋愛思想がどの騎士でも理解できる平易な言葉に置きかえられているからである。やがて貴婦人は実際にも、トーナメントや戦争における騎士の保護者とみなされるようになり、騎士は貴婦人から好意の印として与えられたハンカチや袖などを兜に飾って戦ったのである。

　かくして、身分の高い貴婦人に言い寄る宮廷の若い騎士ないし騎士志願者を評価する新たなイデオロギーが生まれたのであり、そこには、宮廷付きの物語作者や聖職者の教育的な影響もあった。南フランスに生まれた恋愛抒情詩は、そこから北フランス、そしてアングロ・ノルマン宮廷へと広まる。その伝播には、おそらくヘンリ二世と再婚したアキテーヌ公妃のアリエノールの力が大きかったことだろう。抒情詩とその理想は、さらにシャンパーニュやフランドル、それからドイツやカスティリアにも、次々と伝播していった。

　トゥルバドゥールらのフィナモール（精微の愛）観念と北フランスの「ブルターニュもの」のケルト的な神秘の世界への憧れを、ロマンというジャンルで結合してできたのが、「宮廷風ロマン」であった。騎士はもはや戦闘に命をかけることなく、せいぜいトーナメントを渡り歩いて、貴婦人の喝采を求めるだけの柔な存在となる。そして彼が、婦人への愛と献身、それと主君への忠義の狭間に苦しむ心理劇が、中心テーマとなる。その初期の代表作をものしたのが、クレチャン・ド・トロワである。

　彼は一一六〇年から一一八五年にかけて、まずマリ・ド・シャンパーニュ、ついでフィリップ・ド・フランドルの宮廷で、愛と結婚の関係と、騎士道概念のなかで愛が果たす役割をめぐって、いくつもの物語を書いた。冒険好きな騎士、雅を心得、また危機にある女性を救出する逞しい騎士が主人公だが、ときに彼は、悪騎士たちの脅迫や暴力から逃れたいと願う貴婦人や乙女から、無理難題を課されることもある。しかし結局は、主人公の騎士が愛の試練にも悪い敵たちにも打ち勝つハッピーエンドが待っている。

　クレチャン・ド・トロワは、『エレックとエニード』では、愛、結婚、騎士道の三つを和解させた。妻のエニードを溺愛していたエレックは、日々、彼女の傍らで過ごし、トーナメントなど疎かにしていた。彼は、雄々しさのない懦弱《だじゃく》なやつと密かに罵られていたことを知らなかったのだ。たまたまそれを耳にすると、先刻承知だった噂を隠していた妻に怒りを示し、彼女を罰し自分の価値を知らしめようとして、彼女と別れて長い放浪の旅に出る。そして彼女に、もう自分にけっして話しかけないこと、さまざまな攻撃を仕かけてくる敵や、エニードの美しさに惹かれて張られた罠について注意勧告するためであっても、自分に話しかけるな、と命じた。自ら追い込んだ窮地のなかで、苦心惨憺するが、結局彼は勝利し、愛・結婚・騎士道が両立、鼎立可能だと示したのである。

　クレチャンにもケルトの影響は濃厚であり、それは次節で扱う彼が創作したアーサー王伝説の主要作品に明らかである。また他に、一二世紀中葉以降、秘薬によって恋の炎に燃えたトリスタンとイズーの愛と死の物語群などが、まずフランス、ついでやや遅れてイングランドやドイツでも陸続と紡ぎ出されていった。一三世紀以降になると、口誦文学から、筆記文学としての宮廷風ロマンが主流になり、韻文から散文への変化をともなって、聖杯物語群や散文トリスタンなど膨大な数の大部の作品が各国語で作られることになったのである。

　このような物語の世界に遊ぶ騎士というのは、もはや質実剛健、実戦で活躍できる騎士ではないのではなかろうか。実際、これらの物語は、騎士階級の内部対立とその相剋、現実の危機を反映していたのであり、それをフィクションの世界で昇華したものだったのである。

アーサー王伝説

　理想の騎士を、宮廷風恋愛に加えてケルトの幻想の雰囲気のなかで描くようになったとき生まれたのが、アーサー王と円卓の騎士たちのイメージである。彼らを登場させた物語は、一二世紀以来、次々と拡張し、書き換えられていった。

　まず、一二世紀前半には、イングランドのジェフリー・オブ・モンマスが『ブリテン列王史』を書いた。これは、すでに伝説化していた偉大な王としてのアーサーの生涯を記した最初の重要な作品である。ついでアングロ・ノルマン人のワースは、『ブリテン列王史』をもとに書いたフランス語韻文の『ブリュ物語』（一一五五年）で、円卓のモ

アーサー王伝説

病気のランスロが隠者の世話を受ける。「円卓物語集」のなかの『湖のランスロ』の写本（13世紀前半）より。

王妃フレジェティンと息子が城を去る。「円卓物語集」のなかの『聖杯物語』の写本（13世紀前半）より。（レンヌ図書館蔵）

ゴーヴァンは剣を手にした娘と出会う。「円卓物語集」のなかの『湖のランスロ』の写本（13世紀前半）より。

ゴーヴァンの楯持ちが主人が甲冑を脱ぐのを手伝っている。「円卓物語集」のなかの『湖のランスロ』の写本（13世紀前半）より。

ジョゼフェが聖杯を持ち運ぶ。「円卓物語集」のなかの『聖杯物語』の写本（13世紀前半）より。

「岩の貴婦人」がその牢番に、発狂したランスロを解放するよう命じる。「円卓物語集」のなかの『湖のランスロ』の写本（13世紀前半）より。

アーサー王とバン王が王妃グニエーヴルと廷臣たちが見ているなかでトーナメントを計画する。(フランス国立図書館所蔵の写本より)

ジェイムズ・アーチャー画「アーサー王の死」。油彩、1860年。

チーフを導入する。そして人間心理の襞にまで描写の触手を伸ばし、個人の葛藤、人間同士の思いの交錯にも深い洞察を示したのは、クレチャン・ド・トロワの作品群であった。

　これら「アーサー王もの」では、なぜか、アーサー自身はあまり描き込まれない。しかしそのかわり、アーサーの宮廷こそが騎士の宮廷の原型になって、そこにはさまざまに魅力的な騎士が集って友愛に結ばれ、あるいはライヴァル意識に燃えながら、活躍するのである。アーサー王伝説には、ケルトの超自然世界の冒険と、宮廷風恋愛の規範の行動が綯い交ぜられて物語が展開するが、時代が下るにつれ、そこにキリスト教的な要素が一段と色濃く浸透していくことになる。

　これらの諸要素を最初に統合し、ランスロとペルスヴァルという二人の中心人物を創造したのが、クレチャン・ド・トロワであった。

　クレチャンは、『ランスロまたは荷車の騎士』では、ランスロを円卓の騎士の一員とし、彼と、主君アーサー王の妃グニエーヴルの姦通愛を描いている。メレアガンに誘拐された王妃グニエーヴルを探索しに向かったランスロは、王妃に会うことを望むならば罪人用の荷車に乗るように言われ、一瞬躊躇いながらも、そこに乗り込んで人々の嘲笑を浴びる。その後、ランスロは幾多の試練を乗り越えてやっとゴール国にたどり着く。王妃はランスロに愛を与えるが、その後、逮捕され塔に閉じ込められてしまう。しかしメレアガンの妹のおかげで解放された彼は、アーサー王宮廷でメレアガンと決闘して彼を倒し、ハッピーエンドとなる。

　クレチャンは、最後の作品『ペルスヴァルまたは聖杯物語』では、キリスト教神秘思想をそこに調合し、騎士の倫理を霊化させた。ペルスヴァルは、もともと粗野な男だったが、雅な騎士になり、ついには敬虔なる騎士になった。地上の愛はここではほとんどなんの役も果たさないのである。この作品は、神話的世界に奉仕する騎士、という新たな騎士道概念の最良の表現となっている。

　ところでトリスタン伝説は、もともとはアーサー王伝説とは別系統の話だったはずだが、アングロ・ノルマン人トマ（『トリスタン物語』）やベルールの作品（『トリスタン物語』）において、すでにアーサー王伝説に結びつけられている。その後は、このトリスタンものの他、円卓騎士団を主人公とする宮廷風ロマンや、聖杯伝説が次々作られ、アーサー王伝説は、とめどなくふくらみつづける一大物語群に発展していった。

　中世末には、トマス・マロリーの傑作（『アーサーの死』）がある。さらに現代にも翻案、続編が書き継がれているし、劇画としても、無数の関連作品がある。

　いずれにせよ、このアーサー王伝説によって、西洋の騎士たちが、ますます威光を高めたことは間違いあるまい。

揶揄される騎士たち

　武勲詩に描き出された騎士は、全身鉄の鎧兜で装備した屈強の男であった。ところが、抒情詩や宮廷風ロマンに描き出されたような洗練された騎士は、馬から下り、女性に跪いてかしずく雅な紳士になった。この戦士から、愛する家臣への変貌が本格的に起きるのは一二世紀後半であり、彼らを描き出した物語では、主人公であるはずの騎士

写本（1500〜1510年）に描かれた「死の舞踏」の一部だが、赤子が「棒馬遊び」に興じている。騎士になる練習の第一歩か。（フランス国立図書館所蔵）

の存在は、否定されないまでも影が薄くなる。それに比例するかのように女性が次第に上位に昇り、存在感を増すのである。安定し、変革することのなくなった貴族社会の心理劇であろうか。

　そうなると、騎士たちに憧れを抱き、何かと生活ぶりを貴族的にしようとした一部の市民たちによっても、こうした宮廷風恋愛と騎士道のモラルが模倣されることになった。いや模倣だけでなく、浪費され、ついには貶められる。そう、都市民たちは、憧れても結局は、身分の壁に阻まれて容易にはなれない騎士を、今度は揶揄し始めるのである。それが文学作品になったものが、ファブリオである。ファブリオとは、北フランスで主に一二世紀末から一三世紀前半にかけて作られた韻文の滑稽譚で、町人文学の代表といえよう。

　ファブリオのなかに、騎士を登場させるものが、二〇ばかりある。主人公は騎士、貴婦人、やんごとない乙女などだが、彼らは高貴な貴人であるはずが、野卑な農民や市民にこそふさわしい卑俗なる世界で動くのである。落ちぶれた騎士は、金を使い果たし、自堕落な若者となり、不倫のブルジョワ女と関わり合いになる。小姓や夫人、夫人の愛人や司祭と争っている騎士が、腰抜けな態度をとるとひどくからかわれる。だが他方、女性の知性や狡知は称揚されている。そして女性は、空威張り屋の田舎者の騎士を、騎士道にふさわしくないと、軽蔑するのである。ときに、エログロな色彩のものもある。

　ファブリオにおいて騎士は、コミカルで淫らな嫌らしい者として描かれるのだが、こうした揶揄の集中砲火を浴びて、騎士たちは救いがたく名誉失墜してしまったのだろうか。いや、かならずしもそうではないだろう。というのも、このファブリオは、貴族も聴衆で、それを楽しんでいるのであるし、たしかに宮廷風価値観が嘲笑の対象とはなっているのだが、よく観察すれば、騎士の本来の美徳である勇猛や大度――それが偽善やペテン、背信、強欲に汚されてないかぎり――が、槍玉にあがることはない。だからファブリオの笑いは、開放的で緊張を緩和する作用があっても、破壊的ではない。全体として宮廷のイデオロギー、騎士の理想は守られているのである。

　ひとつだけ、このようなファブリオ

の内容を紹介してみよう。「間抜けな騎士」というファブリオでは、「かつて深い森の只中に、安楽に、快適に暮らしている、きわめて金持ちの陪臣がいた。（中略）彼にもう少しの知性と良識があれば、大いなる声望を得られたことでもあろう。が、じつは彼はあまりに愚かだったので、立て続けに七回以上すぐに繰り返さないと何事も聞き分けることができないほどだった。実際愚昧があまりに完璧に彼を丸め込んだので、彼は一度も女性と同衾したことがなく、『コン』（女性器）が何を意味するか知らなかった。にもかかわらず、彼は、男根を持っていた」……かくてその後、突飛で、淫靡で尾籠な、どたばた喜劇、あきれ果てたすれ違いの乱行、卑猥な言葉と仕草のやりとりが展開されるのである。

『狂えるオルランド』と『ドン・キホーテ』

ファブリオが、騎士道の根幹を揺るがすような破壊的メッセージを市井に広めたのではなかったにせよ、都市の市民たち、その下層の者、さらには農民たちにまで騎士道の真似事をされ、また本来の騎士がコケにされる機会が増えると、やはり騎士の威信は落ちていくことになった。それは、騎士身分、貴族身分が、現実の戦争でほとんど役に立たなくなり、儀礼と遊びの世界でのみ威光を示していたことと連関している。

しかしそれで騎士や騎士道の人気が一気に衰微したかと思いきや、どっこい、一六世紀になっても、たしかに騎士道人気はつづいていた。

フランス王フランソワ一世（在位一五一五～一五四七年）は非の打ち所のない騎士バヤールの手によって叙任されることを求めたし、彼と同時代のイングランド王ヘンリ八世（在位一五〇九～一五四七年）はともにジュット（一騎打ち）の達人だった。神聖ローマ皇帝のマクシミリアン一世（在位一四九三～一五一九年）もトーナメントの熱中者であり、また自分を放浪騎士と自認していた。その孫のスペインのフェリペ二世（在位一五五六～一五九八年）も、一人または一団の騎士が挑戦者から一つの道ないし橋を守る模擬戦である「パ・ダルメ」を巧みに洗練させて行うヒーローだった。文学においても、新たな騎士道ロマンス――『アマディス・デ・ガウラ』など――が書かれ、印刷に付されたし、カタロニアの百科全書的思想家ラモン・ルルの騎士道マニュアルのようなものも、あらためて印刷に付された。だがこれらはいずれも、王侯の騎士道遊びであり、騎士道文学にしても、大仰な叙述はあれ、新機軸といえるものはなく、同じテーマの繰り返し、焼き直しにすぎない。

文学の新たな展開としては、まず一五世紀半ばフェッラーラのエステ家のエルコレ一世の宮廷で、宮廷詩人マッテーオ・ボイアルドがロランの歌を翻案して『恋するオルランド』を著し、華々しくも愉快な冒険物語としている。それまでイタリアでは、フランスの模倣、焼き直ししかなかったので、この傑作は、イタリア騎士道文学の歴史に燦然と輝くものになった。

『恋するオルランド』は未完に終わったが、この成功に感化を受けて、ルドヴィコ・アリオスト（一四七四～一五三三年）が騎士物語の叙事詩『狂えるオルランド』（初版一五一六年、第三版一五三二年刊）を書いて、大成功を収めた。話の筋は、カール大帝配下の武

『狂えるオルランド』より。ギュスターヴ・ドレ画。

将オルランドの、オリエントの美姫アンジェリカとの悲恋とそれに起因する狂乱を軸としている。幻想と現実世界が混淆して、主人公たちは次から次へと、目眩くような戦いと恋愛の冒険に身を投じる。この、女性、騎士、戦闘、愛、そして礼節と勇猛を朗々と歌い上げた壮大な叙事詩は、内容・構成とも優れ、読者の感情を波立てて劇的な世

「傲然と頭を上げ得意な面持ちで前進するドン・キホーテ」。96〜98ページの図版はすべてギュスターヴ・ドレによる『ドン・キホーテ』挿絵。

界へと拉《らっ》し去った。

一方、スペインのセルバンテス（一五四七〜一六一六年）は、『ドン・キホーテ』でいっそう戯作的な騎士道文学を作り上げた。この作品は、セルバンテス自身が、若き日、レパントの海戦（一五七一年）に参加したときの栄光とその後の度重なる不遇などを思い返しつつ書いたもので、時代を反映した名作となった。

古ぼけた甲冑を着込み、遍歴の騎士となった五〇がらみの田舎の郷士ドン・キホーテは、田舎娘を憧れの乙女ドゥルシネーアに仮託して、痩せた馬ロシナンテに跨って旅に出た。彼は中世の騎士道物語に心底熱狂しており、それらの物語の内容が真実と思い込んで同時代にも実現できると信じて意気揚々と出発したのであった。しかし時代錯誤もはなはだしい彼は、当然、多くの困難と挫折に遭い、嘲笑と打擲の嵐を受ける。途中で農夫のサンチョ・パンサが従士となって、二人のあいだにとめどないちぐはぐな対話が展開されることになる。

日常の何気ない田舎の風景・行為が、妄想によってとんでもない雄壮無比な騎士道の舞台となって、冒険を演じつづけるドン・キホーテの姿は、哀れで滑稽である。中世の美徳と騎士道の権

「ドン・キホーテが羊の群れのあいだに入っていく」

「わが友、わが老いた仲間よ」

「ただちに大皿・小皿が持ち去られた」

「ドン・キホーテの最期」

化である遍歴の騎士を主人公にしたこの小説は、一方でその過ぎ去った栄光の世界を否定し、大衆が喝采する騎士道物語の誇張・名声を貶めながらも、しかし他方では、愛惜の情をもって騎士道への真摯で純粋な情熱を吐露していることを、見落としてはなるまい。
　アリオストの作品にせよ、セルバンテスの作品にせよ、これらの近世初頭の騎士道文学の大作は、中世の騎士と騎士道を仰々しく称えながら、あるいは諷刺となり、あるいは非現実性を際立たせ、いずれにせよ、本来の騎士道の終焉を告げるもの、といえるだろう。

コラム 5

白鳥の騎士

「白鳥の騎士」は、ゴドフロワ・ド・ブイヨンの栄光の祖先ということでも有名な伝説の騎士である。
　ある王国の王妃が身籠もり六人の息子と娘を一人産んだが、王妃は義母つまり夫王の母親に疎まれ、生まれたばかりの子供を二度までも殺されそうになった。だがその都度、殺害を命じられた家来に神の思し召しで優しい気持ちが芽生え、子供たちは殺されるかわりに森のなかに放置されたり、首にかけている銀の鎖を奪われるだけですんだ。しかし、鎖がはずされると子供たちはすぐに純白の白鳥に変身した。ただ一人、育ての親である隠者と物乞いに出かけていた子供のヘリアスのみが、人間の姿のままだった。六人の兄弟が川に白鳥の姿で現れ、父である王に返してもらった銀の鎖をヘリアスにかけてもらうと人間の姿に戻ったが、ただ一羽、六羽目の鎖のみは、すでに溶かされて銀盃になってしまっていて、人間に戻ることができなかった。

やがて「白鳥の騎士」＝ヘリアスは、両親や友人のもとを去ることにした。そして白鳥（実は弟が変身している）に引かれた一艘の舟に乗って、オットー皇帝の宮廷にやってきて、彼はブイヨン公妃の代闘士になった。というのも、彼女は不当にもその封土を奪われ、オットーは決闘で決着をつけるよう、判決を下したからであった。フランクフルト伯に一騎打ちで勝利した彼は、公妃の娘ベアトリスと結婚するが、条件として彼女は夫の素性をけっして探ってはいけない、ということになっていた。彼女は一人の娘を身籠もるが、その娘は天使の預言によると、一人の王、一人の伯、一人の公の母になるはずであった。ザクセン人による度重なる、そして陰険な攻撃にもかかわらず、白鳥の騎士はブイヨン公領を獲得・所有し、それが結婚によって彼のものになった。ベアトリスはイダインを産み、ヘリアスは娘を大いにかわいがった。

七年後のある夜、ベアトリスは夫に（禁じられていた）その出生の秘密、名前や家族のことをあれこれと尋ね始めた。するとヘリアスは悲しげな表情をして妻を非難し、ベッドから出て別れを告げた。このような場合には、宿命により、彼は消えるか死なねばならないのであった。彼の弟の白鳥は、小舟を引いてまた川に登場し、大きく鳴いて兄を呼んだ。ヘリアスが乗り込むと白鳥はそれを引いて、悲嘆に暮れる妻の見えないところに行ってしまった。ヘリアスの娘イダインはやがてブイヨン伯に嫁ぎ、ゴドフロワ、ユスタシュ、ボードゥアンの三人の息子が生まれた。そのゴドフロワこそ、エルサレム国王になったゴドフロワ・ド・ブイヨンである。

十字軍サイクル（物語群）のひとつであるこの「白鳥の騎士」は、一二一八年以前に作られた四五〇〇行の一二音節詩句（アレクサンドラン）からなる作品で、伝統的な叙事詩に驚異の要素を多く採り入れてブイヨン家の威光を高からしめるのに役立った。

Hier wil ic laten vandē riddd mitten swaen helpas
die nv reyst na Nimegen om bi den keyser te co/
men/die vā god gesondē was ō te bescherme die herto/
ginne van billoen/alst ū volgen sal. So was keyser Ot
to vā almaniē dyer sie vā die name/die ond hē had dat
lande van Ardennen vā Ludick vā Namen. eū hi hielt
zhn parlemēt te Nimegen/eū al dien ōghelsic ghedaen
wert quamen voor dē keyser om rechte hebbē. die

白鳥の騎士、「白鳥の騎士ヘリアス」16世紀。

第八章 騎士身分の民主化と閉鎖化

前章では、弱き者たち、とりわけ女性を助ける勇敢で逞しい正義の味方である騎士のイメージが、後期中世には歪んでいくことを述べたが、実際にも、騎士の軍事的・政治的・社会的な全盛期はそう長くはない、いやごく短かった。武器の進化も騎士の衰退を加速させたが、それだけではない。社会・経済的な要因も、騎士の没落に大きく作用したのである。

　騎士生活はお金がかかる。基本的装備として、馬・兜・鎖帷子・剣が必要だったが、そのための費用は、一五〇ヘクタールの領地を持つ領主の年収に匹敵する計算になる。そうそう簡単に、騎士の務めを果たせない道理である。そこで、家臣たちは主君に対する軍事奉仕を、自ら騎士として戦場に赴く代わりに、お金で代替する道を選ぶようになる。かたや主君のほうは、プロフェッショナルな傭兵を雇う、という仕組みが徐々にできあがるのである。

　一方、これまで貴族らの専権であった騎士叙任の権利は、一二世紀からは都市当局にも認められるようになり、ここに「都市の騎士」が誕生する。つまり、貴族身分でない者まで、騎士になれるようになったのである。この「民主化」の動きに対抗して、貴族たちは、閉ざされたエリート騎士集団を創設しようとする。すなわち、本当の騎士には、何代かにわたって、代々騎士の家系である者のみがなる資格があるのだとして、血統を重視し、それとと

領主の搾取と自然災厄により困窮した農民が領主家族に復讐する。1410年。（アルスナル図書館所蔵写本より）

恐ろしい黒死病の犠牲者の埋葬。柩に入れられればよいほうで、多くは巨大な共通の穴に投げ込まれた。14世紀、「年代記」。（ブリュッセル、王立図書館所蔵）

もに財力をも加入条件としたのである。実際、一五世紀には騎士の装備はより派手になり、五〇〇ヘクタールの領地の労働生産を蕩尽するまでになった。

後期中世の社会と騎士

騎士が役割を終えていった一四〜一五世紀には、気候不順、飢饉や疫病の頻発で、人口は激減した。農村からは、都市に労働市場を求めて農民たちが流出し、多くの廃村が生まれたが、そのまま村に残った農民は、労働力減少に悩む領主に対して、強い立場を獲得することになった。すなわち領主は、好条件の仕事を求めて他の村や都市へと移動しようとする農民たちをなんとか引き留めるべく、待遇改善することを余儀なくされたからである。

　ドイツにおいては、穀物価格の下落が著しく、領主の収入は大幅に減り、所領のうち直営地を小作地へと転換せ

1468年の三部会。フィリップ・ド・コミーヌ『回想録』写本、1523年。（ドブレ美術館所蔵）

ざるを得なかったり、経営を農民に委託することまでして、なんとか領地の維持を試みた。フランスにおいても百年戦争などの戦乱で、農村が荒廃してしまうと、廃村、耕作放棄地が激増したが、ここでも領主は直営地を小作地へと変えたので、農民が自身で経営する道が拓かれていった。

　このような状況下でも、騎士は自弁が原則であったから、たとえ領主であっても、高価な武具や馬を揃えるのは、次第に困難になっていったのである。これが、従軍義務の金納代替と傭兵の採用へとつながっていった。

　経済危機は、農村ばかりか、都市にも及んだ。都市に流入した農民・未熟練労働者は社会の下層民となり、また外部の者たちとの競争を避けて既得権を守るためにギルドが閉鎖化して、職人はなかなか親方になれなくなった。こうして下層民と上層民、親方と職人との対立が深刻になった。しかし、一部の商人らは地域経済のネットワークを活用して困難な時期を乗り越え、富裕化することも可能であった。中世末には、経済的格差は、農村でも都市でもいっそう大きくなり、都市下層民や農民の反乱（ジャックリーの乱、ワット・タイラーの乱、ドイツ農民戦争）が起きた。財政難に陥った王が課税を強要したことも火に油を注ぐ結果となった。

　しかし、こうした経済的・社会的危機の反面、国家統一は一段と進んだこともたしかである。ドイツ、イタリアは別だが、フランス、イングランド、あるいはスペインなどでは、戦争（百年戦争、レコンキスタ）を経て、一種の国民国家的な国家体制ができあがっていった。たとえばフランスは百年戦争において前半、劣勢であったこともあり、政治的混乱と経済的危機が深刻だったが、怪我の功名というか、国王ジャン二世（在位一三五〇～一三六四年）の身代金支払いのために、直接税および間接税からなる恒常的租税制度が確立したことで、王政の安定的発展に寄与したのであった。また自治を享受していたコミューン（自治）都市は、中央集権政策の進展のなかで、プレヴォ（国王役人）都市へと換骨奪胎されていった。

　一方ドイツでは、一三五六年、カール四世（在位一三五五～一三七八年）の金印勅書によって国王選挙の方式が定められ選挙侯の権利が定められると、自律した諸侯国の連合体としての国制が定着する。つまり、一九世紀にいたるまで「ドイツ」という国民国家は誕生しないのであるが、各領邦内においては、中央集権的な支配体制が築かれていったのであり、それぞれが小さな王国のようであったから、他のヨーロッパ諸国と同じ動向を示したとも考えられる。

　このように王侯による中央集権化が進むと、戦争をする権利は王侯に限定されるようになる。彼らは当初、傭兵を抱えたが、傭兵たちは雇用されていないときには略奪を恣《ほしいまま》にしてかえって国の治安を脅かすので、傭兵中の優秀な兵士を選んで勅令中隊を編制する例（たとえば一四四五年のフランス）も現れた。これが常備軍の走りであり、こうして、一般の騎士はますます出番がなくなるのである。

歩兵と傭兵の擡頭

　後期中世には、弩や長弓などの活用や、戦術の進化によって、戦争での騎士の役割が低下したことについては、百年戦争を例として、すでに見たとおりである。ここでは「歩兵」と「傭兵」に焦点を当てて、騎士の役割の低下についてもう一度考えてみよう。

騎士たちの傍らには、常に歩兵がいた。もともと中世の戦争とは、騎士だけでは成立しなかった。歩兵が重要な協力者であり、とくに城や都市の攻城戦・包囲戦では、小回りが利く歩兵こそが主役であった。

歩兵は、一〇世紀には存在していたが、当初は装備も貧しく、剣も持てなかったため、役立たずの下っ端野郎と馬鹿にされていた。そもそも農民出身の彼らには、訓練する暇もなく、戦いに慣れていないのは当然である。短弓が彼らの武器だったが、騎士の甲冑にはまったく歯が立たず、当初は無力であった。彼らの活躍の機会は、前哨戦で敵の歩兵と渡り合うときだけだった。

しかし都市民が歩兵として雇われるようになる一二世紀には、もう少しまともな装備が可能になり、実力も上がった。しかしまだせいぜい補助軍であり、長期戦に従軍することは望めなかった。

ところが、一二世紀末に弩が発明されて、騎士の甲冑をもうがつことがで

相まみえる騎士と歩兵。「ホルカム聖書」（1327〜1335年頃）写本より。（大英図書館所蔵）

攻城中に使われた投石機。『フランス大年代記』写本（1325〜50年頃）。（大英図書館所蔵）

歩兵が落馬した騎士を殺害している。15世紀。(大英図書館所蔵)

フロワサールの年代記の挿絵。1346年のクレシーの戦いでイングランドの大弓隊がフランスの弩射手にまみえているところ。

ブルターニュの城攻撃。歩兵が弩で城を攻めている。『フランス大年代記』の写本より（1375〜1400年）。（リヨン市立図書館所蔵）

きるようになると、事態は大きく変化する。弩兵隊が活躍したのは、まずフランスのカペー朝とイングランドのプランタジネット朝の戦いにおいてであった。歩兵集団は、野戦では騎士に簡単にやられてしまったが、巧みな作戦を練り、味方の騎士に守られながら、物陰から飛び道具で相手を狙い打ちしたり、落馬した騎士に皆で襲いかかるときには大いに効果があった。歩兵が振るう斧や槌矛など近距離用の武器は、甲冑に身を固めた騎士にも大打撃を与えた。

たとえば、クールトレーの戦い（一三〇二年）では、フランドル伯領での反逆をフランス王が騎士軍団を派遣して懲らしめようとしたが、反対にフランドル諸都市の市民や農民たちの歩兵にやられてしまった。フランス軍を率いたアルトワ伯は、三段に分けて騎士団を投入したが、小川までたどり着いたものの、それを越える際に、泥と水に足をとられて馬が転倒したり、あるいは落とし穴の罠にはまったりして大混乱になり、統率が失われた。そして敵方の歩兵に襲いかかられて大打撃を受けたのである。

スコットランド中部のバノックバーンの戦い（一三一四年）でも、イングランド軍は騎士団に頼っていたのだが、スコットランドの自由農民の長槍の歩兵隊に敗北してしまった。翌一三一五年のスイスのモルガルテンの戦いも同様で、ハプスブルク家の騎士団が、それなりにしっかり武装し結束を固めた在地の長槍歩兵軍に負けたのである。

一五世紀なると、古代以来消えていた、稠密に凝集した歩兵陣形が再来したことにも注目しなくてはならない。それは陣の周辺に槍兵、矛槍兵を配し、中心に弩兵、砲兵を配するもので、スイス人はこの陣形の名人といわれていた。そしてフランス、バイエルン、とくにブルゴーニュ軍に痛手を負わせた（グランソンの戦い（一四七六年））。

歩兵の力が増すとともに、その、部隊における人数の割合も急増する。歩兵と騎兵は、かつては一対一ないし一対二であったが、たとえばブルゴーニュのシャルル豪胆公（在位一四六七〜一四七七年）治世末には九（三人の弓射手、三人の槍兵、三人のマスケット銃兵）対一となったのである。

もうひとつ、傭兵の増加も見逃せない。一五世紀のフランスでは、一四四八年、シャルル七世（在位一四二二～一四六一年）の王令に沿って地方の共同体からリクルートされて集まった歩兵が、フランス最初の正規軍の自由射手となったが、のちには大半が、スイス傭兵やドイツのランツクネヒト――スイス傭兵をモデルに一四八六年、マクシミリアン一世によって編制された歩兵の傭兵――によって占められるようになったのである。このスイス傭兵やランツクネヒトは、プロの軍人で訓練を積み、かつての中世都市の徴兵された歩兵とは違っていた。

　傭兵にはその代金を払えば、主人としての義務はお終いだから、雇う王侯や都市にとってもあとくされもなく気楽だったし、傭兵としても、報酬に加えて略奪を恣にできれば追加の利益が大きかった。そもそも封建的な家臣の義務であった軍事奉仕は、一年に四〇日から六〇日という無報酬の奉仕だったが、それ以上の期間の従軍や遠方への遠征については意志のある騎士に報酬を与えるか雇われ騎士を雇うしかなかったから、そもそも騎士と傭兵とは最初から無関係ではなかった。というより、実際は、武勲を求めて放浪する冒険騎士も、略奪の余得を求めていたので、傭兵との差異は小さいのが現実だった。

　一二世紀の経済発展で貨幣流通が活発化したこともあり、金で雇われる兵士は、まずイングランド、ついでフランスでひじょうに増えた。家臣の無償奉仕期間以外の奉仕に対して金を支払うことから始まり、ついで日当制になり、そしてその値段はどんどん吊り上がる。やがてはじめから金を支払われる本来の傭兵が出現し、一四世紀には職業的な傭兵隊となっていった。イタリアでも、各都市は、次第に市民軍よりも傭兵に依拠する機会が多くなり、そうすることで騎士の軍事的な役割・価値はますます低下していった。

　こうして中世末には、傭兵の狼藉が非難されるにもかかわらず、騎士自身が傭兵隊長になり、自分の軍隊を率いて、各地の君主や都市に雇われて転戦しなくてはやっていけない時代がやってきたのだ。そしてついには歩兵を率いることこそ貴族＝騎士にとって名誉ある役職となるのである。たとえば、バヤール、ブレーズ・ド・モンリュク、ガスパール・ド・ソール・タヴァンヌなどがそうした将軍である。

都市当局による騎士身分の授与

　都市を住処とする商人や職人たちと違って、騎士は農村の城に住んでいる、というイメージは、常に正しいわけではない。盛期中世以降になると、騎士たちは都市に背を向けるどころか、パトリチア（都市貴族）として都市に住み、重職に就いてその諸制度を牛耳っていった。とくに南フランスやイタリアあるいはスペインの諸都市において、そうした存在がよく知られている。

　たとえば南フランスのアルルでは一三世紀初頭に人口一万人以下だったが、約三〇ほどの騎士家系が都市にいた。つまり人口の一〇分の一くらいが騎士だったのだ。これらの騎士たちの出自は多様で、旧来の貴族で、カロリング期からの家系を誇る者もいれば、より最近に社会的上昇を果たして、農村領主からのし上がった者もいた。ともかく、いずれも都市における経済発展に引かれて、都市にやってきて、うまく適応した者たちだった。

　また、イタリアでは一二世紀になると、農村の領主であった貴族＝騎士ら

シモーネ・マルティーニの「グイドリッチョ・ダ・フォリアーノ」（1328年）の一部。傭兵隊長のグイドリッチョによるモンテマッシの攻囲。彼はシエナのコムーネのために働いた。シエナ、パラッツォ・プッブリコの壁画。

「フィレンツェの街路でのパリオ競走」。都市の祝祭の一環としての競馬の一種。ジョヴァンニ・ディ・フランチェスコ・トスカーニの装飾箪笥の前面。15世紀。

は、都市に住むように勧められ、あるいは強制された。すなわち彼らは、都市に住みながら農村経営をしたり、商業に携わったりしたのであり、もし都市に居住しなければ、十全な市民権が得られず、政治的に不利な立場におかれたのである。

しかし一三世紀になると、こうした都市貴族の特権が疑問視されだした。彼らはもともとの司法・財政上の特権を固めて閉ざされた特権グループになろうとしたが、それに対して、ポポロ（平民）集団が政治的に対峙して、貴族による市政の独占を防ごうとしたからである。

興味深いことに、こうした対立の過程で、ポポロのほうも、都市当局の要請に応えて「騎士」としての奉仕を担い始める。近隣都市との戦いが常態化するなかで、都市当局は一二世紀半ばにはすでに市民たちに騎士の叙任をしだした。そして富裕なポポロばかりか、たとえば職人など、ふだん名誉のない貶まれていた者まで騎士に叙任したのである。都市では、祝祭の一環として、広場などで「コムーネ（自治都市）のための騎士」が叙任され、一大スペク

中世都市のもろもろの職業の職人と親方、およびその道具。親方は幹事集団として組織化され規約を定めた。アリストテレス「政治学」の15世紀の写本より。（フランス国立図書館所蔵）

タクルとなった。

たとえば一一七三年、ジェノヴァの年代記作者カッファロは、コンスル（最高行政官）たちは、労力と出費を厭わず、ジェノヴァ市内外の一〇〇人以上の者を騎士叙任したと記している。

さらに一二一一年に、同じくジェノヴァは、リミニの領主マラテスタに対抗するべく二〇〇人の騎士を作ったという。フィレンツェの年代記作者ヴィッラーニは、一二八五年には、フィレンツェで、三〇〇人が叙任されたと告げている。ロンバルディア地方の諸都市でも同様だ。一三七八年にフィレンツェで反乱を起こしたチョンピ（フィレンツェの毛織物工業において織元直営の仕事場で働く梳毛工らの蔑称）さえ、さかさまの政治儀式としての騎士叙任を受け、ここに「細民の騎士」が生まれることになったのである。

世俗騎士団の叢生

一二～一三世紀の騎士と騎士道の黄金期が過ぎ去って、後期中世になると、彼らは実戦であまり役に立たなくなり、騎士という生き方も、しばしば揶揄の対象になっていったことを前章で見届けておいた。しかしそのとき、貴族たちの一部は、下の身分の者たちを寄せつけない、閉ざされたより選良的な騎士集団を形成しようと努めることになった。そこに生まれたのが、王侯が設立した「世俗騎士団」である。テンプル騎士団や聖ヨハネ騎士団が、聖界の一員として、清貧・服従・貞潔の禁欲的な掟を誓って教会当局の裁治権に服していたのに対し、ここに成立した世俗騎士団は、美徳、血統、宗教的敬虔さにおいて、エリートたろうと努めながら俗世で輝くことを目指し、世俗当局の裁治権に服した、という大きな違いがある。

世俗騎士団は、別名「勲爵騎士団」というが、驚くべきことに実際に戦うことはまったくない騎士団も多く、浪費的な儀式やきらびやかな衣服をまとって時間をつぶしていた。もちろんその団員は騎士身分を有し、王の軍隊のなかで特定の儀礼的役割を果たしてはいた。その多くが騎士道文学の影響を受け、団員たちはアーサー王の円卓の騎士を気取ったりした。

まず、一三三〇年代にフランス南東部ドーフィネに聖カトリーヌ騎士団が作られた。団員は騎士団の規則に従い、常に互いに助け合い、またドーフィネの領主の最大の利益を念頭におかねばならなかった。スペインでは、一三三二年、カスティリアの特殊な政治状況から「サッシュ騎士団」が生まれた。

アルフォンソ一一世（在位一三一二～一三五〇年）が、自分に対する強い忠誠心によって個人的に結ばれ、宮廷に常駐する忠節な精鋭部隊として作った騎士団であった。そして王は、彼らの上羽織の上に「飾り帯」（サッシュ）をつけるよう命じたところから、その名が由来する。上羽織は白、サッシュは深紅色だった。掌幅くらいのサッシュは目立つよう左肩から腰に斜めに掛けられた。この二つの騎士団はあまり長続きしなかったようで、詳しいことはわからない。

より正確な情報の残っている最初の騎士団が、イングランド王エドワード三世（在位一三二七～一三七七年）によって一四世紀半ば（一三四八年四月二三日）に創設されたガーター騎士団である。まさに騎士物語に夢中だったエドワードの夢の産物である。ガーターとは靴下留めのことだが、そのいわれは、次のような出来事に由来する。すなわち、絶世の美女、ジョアン・オブ・ケント（一三二八～一三八五年）が、カレーで行われた戦闘祝賀舞踏会の折、皆の見ている前で靴下留めを床に落としてしまった。これは下着のようなものであり、会場の騎士・貴婦人は一瞬、静まりかえった。が、機転を利かせた王エドワード三世が近づいて、それを拾って自分の膝に付けた。奇矯な振る舞いだが、人々の注目はジョアンから王へと移り、ジョアンは恥曝しになることを免れ、王もその騎士道精神に則った行動ゆえに称賛されたのである。

創設メンバーは王と二四人の諸侯・騎士たちであり、この人数は固定された。団員資格は終身である。これと関連して、王は一二人の聖職者が常駐する礼拝堂を寄進して救貧院を設立し、それをガーター騎士団の団員が運営した。満足に生計を立てられない貧しい騎士らが、主に仕えながら、施しで生計を立てられるように取り計ったのである。当騎士団の団員は、皆、濃紺のガーター紋を散らした小豆色の外套を着て右脚にも同様のガーター紋を付け、聖ジョージの紋章の楯を描いたマントをはおった。彼らは、全員、毎年聖ジョージの祝日に開催される祝宴に集合する義務があった。彼らはもちろん、慈善活動や宴会にのみ参加したのではなく、一朝、戦争となれば、実戦で戦った。

このガーター騎士団に刺激されて、フランスにも一三五二年頃、ジャン二世（在位一三五〇～一三六四年）が星章騎士団を作り、五〇〇名が加わった。「星々は王の道を照らす」がモットーであった。これは一種の近衛兵のような制度になった。戦場ではけっして退却しないなどの現実離れした誓約をさせられ、一三五三年、ブルターニュでイングランド軍に待ち伏せに遭い、半数以上が戦死したともいわれる。

ブルゴーニュのフィリップ善良公（在位一四一九～一四六七年）が作ったのが、金羊毛騎士団である。これはイザベル・ド・ポルテュガルとの結婚記念にガーター騎士団に対抗して作られた騎士団のようで、もっとも遊びめいた騎士団だった。最初、定員は、二五人だったがのちに五〇人となる。金羊毛は、ギリシャ神話のイアソン率いるアルゴの探検隊が、地の果ての金羊毛を求めて探索の旅に出かけた故事にもとづいている。騎士団員は召集されると揃いの服を着て会議に参加した。騎士団の任務は儀式を感動的にとり行うことであり、複雑豪華な儀式を実行した。彼らはフィリップ善良公に個人的忠誠を誓う特権を持った宮廷人・顧問でもあり、一年に一度集合して公に助言した。

　一四世紀後半以降、他にも、多くの君主が自分の自由になる騎士団を持つようになり、世俗騎士団はどんどん増えていった。名前だけ挙げてみれば、ナポリのルイ（ターラントのルイジ）による結び目騎士団（一三五二年）、皇帝カール四世による金の留め金騎士団（一三五五年）、キプロス王による刀剣騎士団（一三五九年）、サヴォア伯によるコラール騎士団（一三六三年）、イングランドのヘンリ四世（在位一三九九～一四一三年）によるバース騎士団（一三九九年）、皇帝ジギスムント（在位一四一〇～一四三七年）のドラゴン騎士団（一四〇八年）、ブランデンブルク公アルベルト・アキレスによる白鳥騎士団（一四四四年）、アンジュー伯ルネによる三日月騎士団（一四四八年）、フランス王ルイ一一世（在位一四六一～一四八三年）による聖ミカエル騎士団（一四六九年）など、他にも無数にある。

　大宮廷と結びついた騎士団は、しばしば騎士のキリスト教的な義務を強調して、集会の前には派手な宗教儀式を行った。さらには多くが、時代錯誤的ながら、十字軍の熱狂を分け持っており、いつかはエルサレムを奪い返そうと心に決めていた。また大きな宮廷騎士団は、日常の宗教的お勤めにも重きを置いてミサや詩篇読誦などのルールを几帳面に定めていた。

　こうした世俗騎士団の団員は、ある意味で、国家の下僕となった。という

ブノワ・ド・サント＝モールは勇士イアソンのコルキスへの遠征（探検）を語るが、彼は主人公の王女メデイアへの態度を咎めている。島にやってきた異国の者の美しさに惹かれて、魔法に通じた王女メデイアは彼に身を任せ、父と祖国を裏切ってオリエントの途方もない富を象徴するもの＝金羊毛の奪取を許してしまう。詩人はメデイアの過失と責任のないことを強調しつつ、イアソンが結局守らなかった契約を結んだことを非難し、さらにあらかじめギリシャ人らの不実をも難じている。ジャン・マンセル『歴史の華』「イアソンの試練」より。（ブリュッセル王立図書館所蔵）

のも中世末に、名誉の源泉としての君主の重要性が高くなると、王に近いほど騎士の名誉が弥増《いやま》されるようになったからである。もともと騎士というのは「平等」であり、下の者（小貴族）と上の者（大貴族）が、それぞれ騎士の軍事行為と騎士道精神において、平等となるよう、寄り集まったのだが、騎士の最盛期が過ぎた中世末に、ふたたび階層分化し、ヒエラルキー化したのである。

ギョーム・ド・フィラストル『金羊毛の歴史』第2巻：「ヤコブの羊毛」の最初の写本挿絵。これはシャルル豪胆王が主催する金羊毛騎士団の参事会の集会を表し、テーブルのまわりには4人の高官がいる。（ブリュッセル王立図書館所蔵）

恩賞としての騎士称号

中世末に、一時華やかな輝きをみせた世俗騎士団であったが、これはパトロンによる王侯の権威がなくなれば、存立基盤を失うはずである。ところが、近代にいたって革命により王権が打倒され、領主権をはじめとする貴族の身分特権が廃止されたにもかかわらず、多くの国で貴族の称号としての爵位が残り、またブルジョワたちも、自らの財力に物をいわせて爵位を手に入れ、爵位貴族となったのである。

もうひとつ、近代以降、国家の功労者に勲章を与える勲章システムができあがったことが注目に値する。この勲章は、君主か、あるいは君主のいない国では国家元首が授与した。こうした勲章の拝受が、同時に騎士の団体に加盟することとなる、というように、中世の「騎士団」の伝統を引き継いでいるケースも多い。

イギリスでは、ナイト爵（名誉騎士号）が男爵、準男爵に次ぐ爵位としてあり、当爵位所有者は「サー」の尊称をつけて呼ばれる。これは、優れた将軍（軍司令官）や諸分野で功績の大きな国民、そして外国人への最高名誉として、国王から授与されるものであった。イギリス社会では、貴族性への憧れがまだ強く、爵位を持つ者に敬意を表する風潮が色濃く残っている。

フランスでもっとも権威があり有名なのは、レジオン・ドヌール勲章（「名誉の軍団の国家勲章」）であり、一八〇二年、ナポレオン一世によって制定さ

レジオン・ドヌール勲章。グラントフィシエ（大将校）他の肩書きを持つカステックス将軍。

れた栄典の制度である。当勲章は、現在においても、最高勲章として知られている。受賞対象はフランスへの際立った功績を認められた軍人または市民で、これを受賞した者は、「オルドル」すなわち一種の「騎士団」に入会することになり、その印として騎士団の徽章を授与され、それを着用できるのである。

爵位は上から順に、グランクロワ（大十字）、グラントフィシエ（大将校）、コマンドゥール（司令官）、オフィシエ（将校）、シュヴァリエ（騎士）の五階級に分かれており、佩綬《はいじゅ》者の数は、今日では一一万人以上に上るという。半数を占める軍隊関係者の他、政治家、司法官、外交官、スポーツ選手、警察・消防関係、公務員、宗教者などだが、他に、都市や、組織（教育機関、企業など）にも授与されることが特徴的である。また外国人の叙勲者もある。

もうひとつ文化・芸術分野で傑出した業績を残し、フランスのみならず世界で功績のあった人物に授与される勲章が「芸術文化勲章」で、一九五七年に制定された。管轄はフランス文化省である。芸術文化勲章は、三つの階級、すなわち上からコマンドゥール（騎士団長）、オフィシエ（将校）、シュヴァリエ（騎士）がある。

以上は、国家によって与えられる公的な勲章だが、近年では、民間の勲章もある。たとえば食文化を向上させ、広め、あるいは質を守ろうと努めている団体が管轄する勲章がその例であり、ヨーロッパでは、とくにワインやチーズという主要産品に関して制定されている。フランスやドイツなどでは「ワイン騎士」、ベルギーでは「ベルギービールの騎士」がよく知られ、フランスにはまた「チーズ鑑評騎士」もある。

イタリアについても紹介しておこう。イタリアにもフランスと同じように、国家に貢献した人を顕彰する功労勲章、すなわちイタリア共和国功労勲章がある。これは一九五一年に制定された最高勲章で、共和国樹立にともない、もともとあった三種の国家的な騎士団＝勲章を廃止して、新たに制定されたものである。

このイタリア共和国功労勲章＝「騎士団」は六階級からなり、長は共和国大統領で、大統領が代議員の議長の推薦にもとづき授与するのだが、文学、芸術、経済、公共奉仕、社会、慈善、人道的活動の分野で優れた業績を残した者や、文民・軍人の職務での長く際立った奉仕など、さまざまな分野で功績のあった個人に与えられる。イタリア人のみならず、外国人にもきわめて積極的に授与されている。

イタリアには、戦争で熟練、責任感、勇気を示し活躍した軍人を顕彰したり、農業、商業、工業での傑出した業績を残した人たちを称揚する「騎士団」があるし、さらに外国人専用というべき「騎士団」として一九四七年に制定され、第二次世界大戦後のイタリア再建・発展に際立った功績を示した人に与えられる「イタリア連帯の星」勲章が特徴的である。

おわりに

これまで八章にわたって、西洋中世の騎士とは何かについて考えてきた。騎士と一言でいっても、時代によってその身分に含まれる人たちの内訳が大きく変わっていったし、それとともに、軍事的役割はもちろん、社会における地位や特権、国家やキリスト教会との関わり、団体（騎士団）としての姿も著しく変転していったことが、理解されたであろう。

そのように変化常なき存在でありながら、彼らは、一一～一三世紀を中心に、一貫して政治と社会の方向性を決める中世世俗世界のエリートでありつづけた。有名な三身分論「祈る人、戦う人、働く人」の「戦う人」である彼らは、「祈る人」＝聖職者と共に、神によって定められたあるべき世界秩序の守り手として、「働く人」＝農民を収奪しながら生きていられたのである。

ところが、盛期中世以降、都市が発展して商人・職人階級が擡頭してくると、かつてのように「働く人」が農民と同一視されることはなくなった。そしてそこには、より多くの業種が含まれるようになってくる。それのみか、貨幣の力は固定的な身分間の障壁を崩し出し、身分・階級の流動性が活発になって、神によって定められた世界秩序さえ永遠の相のもとに眺めることができなくなるのである。かくて「戦う人」と「働く人」との関係も、以前とは異なるものになる。

こうした現実の変化にもかかわらず、騎士道、騎士のイデオロギーのほうは、より安定的であった。中世末に騎士道のパロディーが登場し、騎士が揶揄されることも稀ではなくなったとはいえ、理想の騎士の姿は、そのときにもけっして魅力を失うことはなかったし、それは、騎士が現実社会での役割を終えた後でさえ、効力を発揮しつづけたのである。敢えていえば、中世の騎士たちが残した最大の遺産は騎士道であり、またそれが西洋文明の重要な構成要素となったことであろう。

騎士道、騎士の理想は、一二世紀以来さまざまな要素を加えながら豊かにまた奥深くなっていき、しかも騎士以外の者たちにまで共有されるようになる。すなわち西洋文明の一部、ヨーロッパ人の価値の拠り所となって、中世から近代、現代へと生き延びていったのである。「恋愛は一二世紀の発明」といわれるが、騎士道も一二世紀の発明であって、そこには、ゲルマン的な仲間団体と封建的主従関係、キリスト教会の道徳とトゥルバドゥールや宮廷風ロマン作者が練り上げた宮廷風雅などが、こもごも影響を及ぼしていた。

敬虔、謙譲、勇気、礼節、名誉などの美徳は、ヨーロッパ人の、とりわけ男たちの欣求すべきものとして今でも尊重されているし、礼儀作法となって子供にも教えられている。また、キリスト教との切り離せない関係、女性の保護と崇拝、そしてときに神秘の幻想に浸ったイメージ、これらはまったく西洋の騎士道に独自のものであり、わが国の「武士道」とか「侍」の理想とは似て非なるものである。

だがこうした独自性は、西洋文明のある一面を強固に支えていて、それは肯定的に作用することも多いが、ときに否定的な作用を及ぼすこともあろう。キリスト教の戦士たる騎士は、異教徒を排撃するのに躊躇なく踏み出すが、それは今日の世界情勢には許容できない態度であろう。また騎士道の女性の保護と崇拝は、女性差別と裏表の関係にあることも見落としてはなるまい。

いずれにせよ、騎士と騎士道をより深く探ることで、西洋理解が深まることは確実である。

ただし、大衆的な中世のイメージとして、現在、「騎士」は突出して前面に出ているきらいがある。それは中世の他の重要な側面を忘れさせてしまうほどである。常に新しく再加工されて、それぞれの時代に現前する、遠くて近い中世の力というものがあると思うのだが、その際、しばしば当時の文脈から切り離されたシンボルが意識的にプロモートされ、宣伝に使われる。そのシンボルの最たるものこそ、騎士であり、彼らを主人公とした冒険物語は、現代の大衆文学、コミックス、映画、テレビ、さらにはゲームの世界で、ひじょうな人気を集めていることは言うまでもない。

ファンタジックな剣劇、魔法、冒険の世界、城とそこに集う騎士やお姫様、また冒険の途中で森や湖で出会う妖精や小人、こうしたイメージは、子供から大人にまで親しいものになっている。近代生活のなかでのフラストレーションを逃れ、願望を投影するもうひとつの世界としての中世騎士の世界が、そこにある。

フランス革命によって、中世の政治、社会、経済の仕組みに対して死亡宣告が出されたはずなのに、主に騎士道文学由来の行動規範からなる一八世紀・一九世紀のロマン主義的な中世のヴィジョンは、死ぬことはなかったのである。恐るべし、騎士の神話。その不死鳥のような生命力の秘密は、どこにあるのだろうか。

二〇一二年冬

池上俊一

参考文献

Aurell, M., "La chevalerie urbaine en Occitanie (fin Xe-début XIIIe siècle)", in *Les Élites urbaines au Moyen Âge*, Paris-Rome, 1997, pp. 71-118.

Barber, R. & Barker, J., *Tournaments: Jousts, Chivalry and Pageants in the Middle Ages*, Woodbridge, 1989.

Le Cheval dans le monde médiéval, Aix-en-Provence, 1992.

Church, S. & Harvey, R. (eds.), *Medieval Knighthood, V: Papers from the Sixth Strawberry Hill Conference 1994*, Woodbridge, 1995.

Clark, J. ed., *The Medieval Horse and Its Equipment, c.1150-c.1450*, London, 1995.

Davis, R.H.C., *The Medieval Warhorse: Origin, Development and Redevelopment*, London, 1989.

Demurger, A., *Moines et guerriers: Les ordres religieux-militaires au Moyen Âge*, Paris, 2010.

Duby, G., *La société chevaleresque*, Paris, 1988.

Flori, J., *Chevaliers et chevalerie au Moyen Âge*, Paris, 2008.

Gasparri, S., *I milites cittadini: Studi sulla cavalleria in Italia*, Roma, 1992.

Geoffroi de Charny, *A Knight's Own Book of Chivalry*, transl. by E. Kennedy, Philadelphia (PA), 2005.

Keen, M., *Chivalry*, New Haven, 1984.

Maire Vigueur, J.-C., *Cavaliers et citoyens: Guerre, conflits et société dans l'Italie communale XIIe-XIIIe siècles*, Paris, 2003.

Prévot, B. & Ribémont, B., *Le Cheval en France au Moyen Âge*, Orléans, 1994.

Stella, A., *La Révolte des Ciompi*, Paris, 1993.

池上俊一『儀礼と象徴の中世』（ヨーロッパの中世８）岩波書店　2008年

須田武郎『騎士団――Truth In Fantasy 78』新紀元社　2007年

橋口倫介『騎士団』近藤出版社　1971年

リチャード・バーバー（田口孝夫監訳）『図説 騎士道物語――冒険とロマンスの時代』原書房　1996年

J・M・ファン・ウィンター（佐藤牧夫・渡部治雄訳）『騎士――その理想と現実』東京書籍　1982年

ヨアヒム・ブムケ（平尾浩三他訳）『中世の騎士文化』白水社　1995年

トマス・ブルフィンチ（野上弥生子訳）『中世騎士物語（改版）』岩波文庫　1980年

シドニー・ペインター（氏家哲夫訳）『フランス騎士道――中世フランスにおける騎士道理念の慣行』松柏社　2001年

マシュー・ベネット他（淺野明監修・野下祥子訳）『戦闘技術の歴史２：中世編 AD500-AD1500』創元社　2009年

アンドレア・ホプキンズ（松田英、都留久夫、山口惠里子訳）『図説 西洋騎士道大全』東洋書林　2005年

渡辺節夫「ヨーロッパ中世社会と騎士――フランスを中心として」『歴史と地理』631［世界史の研究222］（2010年2月）、1-15頁

●著者略歴

池上俊一（いけがみ・しゅんいち）

一九五六年生まれ。東京大学文学部卒業後、同大学大学院人文科学研究科博士課程西洋史学専攻中退。横浜国立大学教育学部助教授、東京大学大学院総合文化研究科助教授、同教授を経て、現在、東京大学名誉教授。

著書に『動物裁判』『遊びの中世史』『狼男伝説』『身体の中世』『ロマネスク世界論』『ヨーロッパ中世の宗教運動』『イタリア・ルネサンス再考　花の都とアルベルティ』『儀礼と象徴の中世』『パスタでたどるイタリア史』など多数。

ふくろうの本

新装版

図説　騎士の世界

二〇一二年 二 月二八日初版発行
二〇二三年 九 月二〇日新装版初版印刷
二〇二三年 九 月三〇日新装版初版発行

著者……………………池上俊一
装幀・デザイン…………ヒロ工房
発行者…………………小野寺優
発行……………………株式会社河出書房新社
〒一五一-〇〇五一
東京都渋谷区千駄ヶ谷二-三二-二
電話　〇三-三四〇四-一二〇一（営業）
〇三-三四〇四-八六一一（編集）
https://www.kawade.co.jp/
印刷……………………大日本印刷株式会社
製本……………………加藤製本株式会社

Printed in Japan
ISBN978-4-309-76327-9

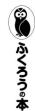